JN410291

윤철환 수필집

이 세상 어떻게 살아야 하나

이 세상 어떻게 살아야 하나

윤철환 수필집

1판 1쇄 인쇄/ 2017년 3월 25일
1판 1쇄 발행/ 2017년 3월 31일

지은이 / 윤 철 환
펴낸이 / 우 희 정
펴낸곳 / 도서출판 소소리

등록 / 제300-2007-21호
주소 03073 서울 종로구 성균관로5길 39-16
전화 / 765-5663, 010-4265-5663
e-mail: sosori39@hanmail.net
www.sosori.net

값 12,000 원

*잘못된 책은 바꿔드립니다.

ISBN 979-11-5891-070-9 03810

이 세상 어떻게 살아야 하나

윤철환 수필집

소소리

책을 내면서

2004년에 첫 수필집을 낸 후 13년 만에 2집을 낸다. 이는 특별한 사정이 없는 한 자연스러운 일은 아니다. 그 사정이란 뜻한 바 있어 한학(漢學) 또는 한시(漢詩) 공부를 하게 되었기 때문이었다.

한학에서의 사서(四書)와 삼경(三經) 공부를 하고, 또 한시를 배우느라 매주 칠언율시(七言律詩) 한 수 내지 두 수를 숙제로 감당하자니 수필을 쓸래야 쓸 수가 없었다. 특히 한시의 경우 운(韻)과 대(對)를 맞추어야 하는 바 한 수를 지으려면 많은 시간과 노력이 필요하여 다른 일을 할 여유가 없었다.

그렇다고 수필가로서의 활동을 전혀 하지 않은 것은 아니다. 매월 둘째 주 목요일이나 금요일에는 정기적으로 수필 동인의 합평 모임이 열려 참석해야 했고, 그러자니 작품준비도 해야 했다. 다만 그만큼 작품의 축적이 늦어졌을 뿐 그런대로 작품을 모아 제2집을 출판하기로 한 것이다.

그리고 나에게 있어 1993년부터 2012년까지는 참선수행에 열중한 시기이기도 했다. 가부좌를 하고 앉아 나 스스로가 누구인지, 무엇이 나인지, 나는 얼마나 나인지, 마음이 무엇인지, 또는 선(禪)이란 어떤 것인지를 참구하고, 내가 글을 씀으로 인해 느끼는 기쁨과 한학 공부에서 얻어진 동양의 지혜도 몇 편 작품화 해보았고, 지구촌시대를 맞아 장차 인간과 종교는 어떻게 달라져야 할 것인지에 대한 관심을 갖게 되어 이를 작품화 해 보았다.

독자 여러분의 질정을 바랄 뿐이다.

2017년 3월

저자 윤철환

3부 글을 쓰는 기쁨

4부 불교공부를 하며

5부 선수행을 하며

6부 지구촌시대 어떻게 맞을 것인가

1부

나를 찾아서

나

언제부터인지는 모르지만 만물 중 사람이 가장 귀한 동물이라고 말해왔다. 이러한 자세가 사람의 자기중심적인 것인지는 모르지만 그렇다면 그만큼 이 지구에 대한 책임도 져야 한다는데 이의를 다는 사람은 없을 것이다. 중심에는 무게가 실리는 것이니까. 그리고 그러하다면 인간으로서의 '나'는 어떤 존재인가에 대하여 한 번쯤 생각해보는 것도 인간으로서의 의무일 것이다.

나는 갑자기 하늘에서 뚝 떨어진 존재가 아니라 DNA라는 유전자에 의해 이 세상에 태어났다. 이를 끝까지 거슬러 올라가면 나는 무엇일까? 무엇이었는지는 모르지만 아무튼 지금의 '나'가 아닌 것이고, 조금씩 조금씩 진화하여 오늘의 내가 된 것만은 확실하다.

그런데 변화해서 오늘의 내가 된 것은 '나'만이 아니라 이 세상 만물도 같이 변해오지 않은 것이 없다는 것이다. 모두가 다 갑자기 오늘의 상태가 된 것이 아니고, 또 앞으로 계속해서 변해갈 존재인 것이다. 그중의 한 점으로서 내가 있을 뿐이라 해야 할 것이다.

우리 삶의 조건도 마찬가지이다. 이 지구를 둘러싸고 있는 대기 즉 공기도 태초부터 오늘의 공기와 같은 것이 아니라 수많은 세월 태양과 녹색식물과의 광합성작용을 거쳐 조금씩 조금씩 달라졌고, 그 밑바탕에는 지구상의 동물들이 참여했고, 대지와 물과 곤충들이 참여해서 오늘의 공기가 된 것이다.

우리가 일용하는 음식 또한 마찬가지이다. 태초 이래 얼마나 많은 동식물이 있었다가 사라졌고, 또 새로이 등장하였을까? 인간을 포함해서 생명 있는 자 누구도 먹이사슬에서 예외는 없다. 그 먹이란 다른 생명이다. 그런 의미에서 모든 생명체는 다 다른 생명을 죽이는 원죄를 지고 태어난다 해도 지나치지 않는다. 그 생명체 중에 사람이 정점에 있다면 역시 사람이야말로 이 지구의 장래에 대하여 책임을 져야 할 자일 것이다.

정신적 노작인 지식과 지혜도 '나'의 것이라 할 수 있는 것이 얼마나 될까? 거의 다가 선인들 또는 이 시대의 남들로부터 배운 것이 아닐까? 가장 독창적이라고 할 수 있는 마음까지도 DNA의 소산이 아니라고 할 수 없을 것이다. 그리고 지식과 지혜에 바탕을 한 일상생활 또한 남과의 관계에서 서로 연결되어 있다는 것을 부인할 수 없다.

이상이 '나'의 존재근거이다. 종적으로 또는 횡적으로. 그렇다면 여기서 '나'의 것이라 내세울 만한 속성은 얼마나 될까? '나'라 할 때 '나' 스스로가 존립하는 속성이 있어야 할 터인데 태어남으로부터 나의 생명체를 유지하는데 필요한 것을 스스로의 것으로 조달할 수 있는 것이 하나라도 있는가? 없다. 그러므로 '나'라는 말은 노자가 도덕경에서 말하는 것처럼 '어쩔 수 없이 지은 이름이지 실상에 비추어 보아 떳떳한 가치를 가진 말은 아닌 것이다.

인류 역사를 뒤돌아보면 '나'라는 주제는 일찍부터 다루어져 왔다. 서양철학의 비조로 알려진 희랍의 소크라테스는 BC 4세기경 그 유명한 철학의 명제로 '너 자신을 알아라.'고 외쳤고, 자기 스스로에 대해서는 '나는 아무것도 모른다는 것을 알 뿐이다.'라고 갈파했다.

소크라테스보다 약간 앞서 살고 간 붓다는 이른바 연기법(緣起法)을 제창하였는데 그것은 이 세상의 모든 사물은 스스로 존재하는 것이 아니라 모든 것과 의존관계에 있다고 말했다. 그래서 '나'라고 내세울 만한 것이 없으므로 무아(無我)이고 공(空)하다고 했다. 이런 의미에서 만약 오늘날과 같이 정보유통이 활발해서 소크라테스가 붓다의 깨달음을 전해들을 수 있었다면 서양철학은 다른 방향으로 흘렀을지도 모른다.

그 후 500여 년, 예수가 붓다의 깨달음을 접하게 되었는지 알 길이 없지만(일설에는 접한 바가 있다는 설도 있다) 그는 유일신을 섬기는 종교개혁자가 되었는데 어쩌면 그럴 수밖에 없었을 것 같기도 하다. 왜냐 하면 풍토는 그 지역을 규정하기 마련이니까. 흔히 기독교와 이슬람을 사막의 종교라고 말하지만 사막에서의 생존조건은 오아시스를 안내할 수 있는 자가 지도자가 될 수밖에 없다. 그리고 그 권위는 절대의 신과 밀접한 관계를 갖지 않을 수 없고, 없다면 만들어서라도 섬기지 않을 수 없었을 터이니까.

아무튼 지금은 지구촌시대이다. 내가 살고 있는 지구의 반대편 아니 그렇게까지는 아니더라도 나와 다른 사람과 따로따로 살 수 있었을 때에는 나와 다르다 해서 문제될 것이 없었다. 왜냐 하면 저는 저대로 나는 나대로 살면 그만이니까.

그러나 지금은 다르다. 나와 다른 종교와 문화를 가진 사람과 한 마을에서 어울려 살아가지 않을 수 없는 시대이다. 종교가 다르면 문화가 다르고, 문화가 다르다는 것은 삶의 방식이 다를 수밖에 없고, 생활방식이 다르면 아무래도 어울리는데 갈등이 생기는 요인으로 발전할 수 있다. 그것이 오늘날 지구촌 곳곳에서의 분쟁 요인이다. 같은 신을 섬기는 종교이면서도….

그러면 지구촌시대의 '나'는 어떤 '나'여야 할까? 한마디로 '나'를 초월할 수 있는 종교와 철학으로 바뀌어야 하지 않을까? 모든 사고의 초점을 지구촌이라는 데에 모아야 하는 시대 말이다. 과연 '나'는 누구인가? 최초의 생명체였을 때에는 '나'가 유일자로 경쟁상대가 없었지만 이제는 60여 억이 '나'와의 경쟁상대자로서의 '나'인 것이다. 결국 '나'를 어떤 존재로 보느냐에 따라 이 지구촌의 미래는 결정이 날 것인데 '나'는 '나'를 어떻게 볼 것인가? '나'를 초월할 자세를 갖고 있는가?

(2013. 9)

나의 무엇이 나인가

서양철학의 비조인 소클라테스는 그의 철학적 명제로 "너 자신을 알아라!"라고 갈파하고 자기 자신에 대해서는 "나는 아무것도 모른다는 것을 알 뿐이다"라고 말했다 한다. 과연 명언 중의 명언이라 할 만 하다. '나'를 아는 것, 이것이야말로 철학의 영원한 명제이기 때문이다.

그러나 소크라테스 이후 서양철학에서 그 '너' 즉 반어로 '나'자신을 알기 위한 노력은 이렇다 할 것이 없는 것 같다. '나', 과연 '나'는 무엇을 말하는 것일까? 단순히 남과의 대칭이 되는 존재로 알아도 족한 것일까? '나'를 '나'라고 하지만 무엇이 '나'란 말인가? 우선 드러나 있는 것부터 찾아보기로 한다.

얼굴일까? 얼굴이야말로 '나'를 대표하는 것 같다. 왜냐 하면 얼굴은 대체로 사람마다 달라 남이 나를 알아보는 표상이 되기 때문이다. 우리는 누구나 신분증명서를 가지고 다니는데 거기에는 반드시 얼굴사진을 붙이게 되어있지 않은가?

그러나 그렇다고 얼굴이 '나'를 대표한다고 말할 수 있을까? 비록 얼굴이 외부에 '나'를 대표하는 비중이 크다고는 할 수 있으나 얼굴이 가장 '나'를 대표한다고 말할 수는 없을 것 같다. 얼굴은 어디까지나 남이 '나'를 분별하여 알아보는데 기준이 될 뿐, '나' 스스로가 '나'를 가장 대표한다고 말할 수는 없을 것이기 때문이다. 일란성 쌍둥이의 경우 얼굴은 같으나 사람은 같지 않고, 또 요즘과 같이 성형기술이 발달한 사회에서는 얼굴쯤 뜯어고치는 것이 그렇게 어려운 일이 아니기 때문이다.

다음은 몸뚱이이다. 몸뚱이 또한 대체로 사람마다 달라 나의 대표성이 있다 말할 수 있을 것 같다. 그러나 얼굴 없는 몸뚱이는 과학기술의 도움 없이는 누구의 몸뚱이인지 알아보기 어렵고, 죽어 썩어 흙으로 돌아가면 '나'라는 흔적도 없어지니 '나'를 대표하기에는 부족할 것 같다.

다음은 이름이다. 이름은 대체로 사람마다 다르다. 비록 일란성 쌍둥이라 할지라도 이름은 다르다. 누가 내 이름을 부르면 네! 하고 대답하지 않는가?. 그러나 동명이인도 있고, 또 귀가 들리지 않는 농인(聾人)은 대답을 못하니 농인에게는 '나'가 없다고 말할 수 없다.

이상 '나'를 대표할만한 몇 가지 신체부위와 이름을 예로 들어 보았지만 어느 것이나 '나'의 얼굴, '나'의 몸뚱이, '나'의 이름 등

'나'라는 접두사를 붙여야 된다고 생각할 때 역시 '나'를 포괄적으로 대표한다 말할 수 없다.

그런데 '나'의 얼굴사진을 보고 이것은 '나'다 알아보고, 자신의 손을 만지며 '나'의 손이다 알아보며, 누가 내 이름을 부르면 '나'임을 알아듣고, "네!" 하고 대답하는 자가 있으니 그게 누구인가. '나'의 마음이다.

얼굴을 좋게 하기 위하여 세수를 하고, 화장을 하고, 성형을 하며, 몸뚱이를 튼튼히 하기 위하여 섭생을 하고, 운동을 하며, 이름을 무엇으로 할 것인지를 결정하는 존재가 따로 있으니 그것이 무엇인가? '나'의 '마음'이다. '마음'은 눈, 귀, 코, 혀, 몸뚱이를 통하여 외부로부터 보고, 듣고, 냄새 맡고, 맛보고, 감촉하고, 생각하고, 판단하고, 결정하고, 실행하는 일련의 원인행위를 결정하는 자이다.

그러면 '나'와 '나'의 마음과의 관계는 어떠한가? 역시 '나'는 '나'이고 '나'의 '마음'은 '나'의 '마음'일 뿐인가? 그렇지 않다. 가만히 우리들의 일상적인 행동의 동기가 어떻게 이루어지는가를 살펴보자. 특별한 사안이 아니고는 무의식상태에서 행해진다. 또 '나'라는 의식 하에서 행해지는 행동도 사실은 무의식 속의 '마음'에 의해서 결정되고 행해진다. 이렇게 볼 때 '나'와 내 마음은 하나이면서 둘이고, 둘이면서 하나인 관계라고 말해도 무리가 없다고 생각된다. 모든 행동은 마음에 의해 행해진다. 어떤 마음으로 행동하느냐에 따라 선과 악, 미와 추, 행과 불행도 결정된다. 다만 '나'와 '나'의 마음이 얼마나 일치되게 행동하느냐가 있을 뿐이다.

성인들의 마음은 '나'와 '나'의 마음이 항상 일치한다. 논어(論語) 옹야(雍也)편에 보면 공자님의 제자 안회(顔回)에 관한 이야기가 나온다. "공자님께서 말씀하시기를 안회는 그 마음이 3개월 동안 인(仁)에 어긋나지 않으며, 그 나머지 사람들은 하루나 한 달에 한 번 인에 이를 뿐이다.(子曰 回也 其心 三月不違仁 其餘則日月至焉而己矣)"라는 구절이 나온다.

원효대사(元曉大師)의 이야기를 하나 소개하기로 한다.

"원효대사가 동료인 의상(義湘)과 함께 당나라에 갈 것을 결심하고 661년(문무왕 1년) 바닷길로 당나라에 가기 위해 당항성(黨項城: 남양 부근 또는 당진이라고도 함)에 이르렀을 때였다. 구법(求法)의 길을 가는 도중 무덤들 사이에서 하룻밤을 지내게 되었는데, 몹시 갈증이 나서 두 손으로 그릇에 고여 있던 물을 마시자 물맛이 매우 달고 시원했다. 이튿날 우연히 자신이 마셨던 그릇을 보게 되었는데, 그것은 해골바가지였다. 그는 이때 큰 깨달음을 얻고 탄식하며 말했다. '마음이 생기면 우주만물이 생기고, 마음이 사라지면 해골물과 깨끗한 물이 서로 다르지 않는 법이다.'라고. 그는 또 말하기를 '삼계(三界)가 유심(唯心)이요 만법이 유식(唯識)이므로 마음밖에 아무것도 없는데 무엇을 따로 구하겠는가.' 하고는 당나라에 갈 것을 포기하고 발길을 돌렸다(佛教大辭典 弘法院刊)."

"모든 것은 마음이 만들어내는 것이다."

행복한 삶을 사는 것을 바라지 않는 사람은 없을 것이다. 그러나 그 행복도 '나'의 마음이 만들어내는 것이라는 것을 안다면 그 마음이 무엇인지, 그 마음을 어떻게 닦아야 하는지에 대하여 무관심할 수 있을까?….

(2015. 6)

나는 얼마나 나인가

이 세상에 어떤 사람이라 할지라도 자기의 충실을 소망하지 않는 사람은 없을 것이다. 나야말로 이 세상을 살아감에 있어서 절대적 존재이유가 될 것이니까. 그러나 과연 나는 얼마나 나인지를 점검하면서 사는 사람은 얼마나 있을까? 아니 그러한 관심조차 갖지 않으면서 일생을 보내는 사람이 태반일 것이라는 생각을 해 본다. 왜냐하면 대체로 사람들은 다른 사람이 살아가는 대로 살아갈 뿐 남다르게 사는 것을 바라지 않는 경향이니까.

어떤 문학평론가는 말했다. 그는 '지성인'에 대한 정의에서 말하기를 "남이 사는 대로 따라 사는 것 어려울 것이 없다. 남과 떨어져 사는 것 또한 어려울 것이 없다. 정작 어려운 삶은 남과 어울려 살면서도 나를 잊지 않고, 남과 떨어져 살면서도 남을 잊지 않는 삶이다. 그것이 지성인의 삶이다."라고.

남과 어울려 살면서도 자기 나름의 독자성을 잊지 않고 사는 부분과 남과 떨어져 살면서도 남을 잊지 않고 사는 부분의 합계가 사실은 나의 실체라고 하면 과언일까?

그런데 이보다 한 걸음 더 나아가 '나'가 없는 삶이야말로 진정한 '나'라고 생각하면서 살아가는 사람이 있으니 성인(聖人)들의 삶이 그것이다. 성인과 속인의 차이라고나 할까, 철저하게 '나'가 없을 때야말로 진정하게 '나'가 있는 것이라고 생각하는 것이다. 그래서 성인은 무욕, 무소유, 무심, 무념, 무상, 무선무악(無善無惡)인 것이다. 한마디로 무아(無我)인 것이다.

성인은 왜 무아(無我)라고 생각하는가? 그는 독자적으로는 존재하는 것이 아무것도 없다는 것을 철저하게 깨닫고 있기 때문이다. 자기 육신의 태어남 자체가 자기 스스로에 의하지 않았으니 어찌 내 몸뚱이가 내 것이라 할 수 있겠는가. 부모님이 없다면 내가 태어날 수 없었을 것이고 또 태어났다 할지라도 살다 죽은 후의 몸뚱이는 내 것이라 할 수 없으니 어찌 내 것이라 할 수 있겠는가.

태어나서 살아가는 것 또한 마찬가지이다.

먼저 호흡에 대해서이다. 우리는 호흡 즉 숨을 쉬지 않고는 살아갈 수 없다. 신체의 장기들이 활동을 멈출 것이기 때문이다. 그 호흡의 재료는 공기이다. 그래서 '목숨의 길이는 내쉰 숨 들이쉬지 못하는 사이'라고 말하기도 한다.

그 공기는 어떻게 만들어지나? 녹색식물이 태양광선을 받아 광합성을 하고, 녹색식물은 동물들이 토해내는 탄산가스를 받아들여 탄소동화작용을 해야 한다. 따라서 동물이 없으면 탄소동화작용도 할 수 없다. 그뿐인가 녹색식물은 적당한 습기를 머금은 토양이 있어야 하고 그 습기는 물에서 얻어지는 것이니 물이 없어도 안 된다.

녹색식물도 그 종을 유지하기 위해서는 동물들이 먹어 씨를 퍼뜨려주거나 민들레 홀씨같이 바람결에 날려주어야 한다. 그뿐인가? 공기 속에는 열과 바람이 포함되어 있다. 생물이 살다 죽으면 자연으로 돌아간다고 하는데 그 자연이란 무엇인가? 그 속에는 동물이 가지고 있던 열기와 바람기가 들어 있는 것이다. 즉 공기 속에는 빅뱅 이후 살고 간 모든 생물들이 토해 낸 숨은 물론 그 생물들이 지니고 있던 열기와 바람기가 공기로 화합되어 있는 것이다. 그런 의미에서 오늘날 지구 대기권이 생물이 살기 좋은 공기로 둘러싸이게 된 것은 그저 처음부터 그렇게 주어진 것이 아니라 빅뱅 이후 살고 간 모든 생물들이 조성해 준 것이라 말할 수 있다.

다음은 먹이에 대해서이다. 동물은 그 본성이 다른 생물을 먹지 않고는 생명을 유지할 수가 없다. 그런 의미에서 모든 동물은 원죄를 안고 태어났다 할 수 있다. 왜냐하면 모든 생물은 본능적으로 살려고 하는 의지를 가지고 태어나는데 동물의 경우 다른 생물의 희생에 의해서만 내 생명을 유지할 수밖에 없는 운명이니 말이다. 사람 또한 그런 의미에서 다른 동물과 다를 것이 없다. 먹이사슬의 정점에 있을 뿐. 다른 생물은 탐욕이 없어 먹을 만큼 먹으면 그만 먹는데 사람은 그렇지 못하다는 것이 다르다면 다르다 할까.

그런데 이와 같은 생각도 사람의 입장에서 그러할 뿐 곤충의 입장에서는 사람 또한 죽으면 썩어 박테리아들의 해체작업에 따라 처리된다. 뼈와 살은 흙으로 돌아가고, 수분은 물로 돌아가 온갖 식생들의 거름과 영양소로 화한다. 온기는 온기대로 바람기는 바람기대로 흩어져 대기로 화하여 탄소동화작용에 따라 다른 생명들의 생명활동을 서로 돕고 있는 것이니 사람이라 해서 그리 대단할 것도 없는지 모르겠다.

이상이 이 세상 모든 생물들의 존재양식이다. 그래서 옛 성인은 말했다. 무아(無我) 즉 '나는 없는 것'이라고. 있다면 나를 둘러싸고 있는 모든 사물들과의 연기(緣起) 즉 연관과 의존의 관계에서만 있는 것이라고. 그것이 이 세상 만물의 존재양식이라고.

그런데 우리는 평소 내가 존재하는 것은 나로 인해 존재하는 것처럼 생각하고 행동하고 있다. 나는 나이고 남은 남이라고. 그러한 이분법적인 사고방식이 지난 수천여 년의 세계사에서의 흐름이기도 했고. 그래서 사회의 모든 제도도 나의 것과 남의 것을 엄격히 구분 짓는 것을 기본으로 하고, 그 철저함이 근대사회의 척도처럼 되어 있다.

붓다는 말한다. 그것은 무명(無明) 즉 존재양식을 모르는 때문이라고. 그리고 나의 없음을 철저하게 알 때 비로소 나를 아는 것이라고. 결국 진정한 나는 무아(無我)의 비례한 만큼의 나라는 것이니 과연 나는 얼마나 나인가? (2017. 1)

나를 바로 볼 수만 있다면

만약에 소클라테스의 '나'가 조금 먼저 살고 간 붓다의 '나'의 개념에 접할 수 있었다면, 그보다 뒤에 살고 간 예수·무하마드 등이 붓다의 '나'의 개념을 수용할 수 있었다면, 중세 이래는 물론 오늘날 지구촌과 같은 불안과 공포와 살육이 자행되는 일은 없지 않았을까?. 왜냐 하면 지구상의 모든 분쟁은 '나'와 '남'을 분별하는 데에 그 뿌리가 있기 때문이다.

서양철학의 할아버지라 할 수 있는 소크라테스는 그의 철학의 명제로 '너 자신을 알아라'로 삼았고, 자기 자신에 대해서는 '아무것도 모른다는 것을 알 뿐이다'라고 갈파하였다.

그 후 400여 년쯤 뒤에 태어난 예수는 여호와 하나님의 독생자라고 전해지고 있으며, 그보다 500여 년 뒤에 태어난 이슬람의 예언자 무하마드는 알라신의 마지막 예언자라고 말하고 있다.

모든 분쟁의 밑바닥에는 '너는 너고, 나는 나다'라는 분별의식에서 싹트는데 붓다는 무아(無我)를 제창했다. 붓다의 삼법인(三法印) 중 하나인 제법무아(諸法無我)가 그것이다. 이 세상을 관해보았더니 이 세상에 어떠한 사물도 독자적으로 존재할 수 없고 서로서로 의존적인 관계에서만 존재할 수 있다고 보았기 때문이다.

쉬운 예의 하나로 이 세상의 어떤 생물도 공기 없이는 생존을 유지할 수 없는데 그 공기는 태양광선과 녹색식물, 동물, 흙, 물, 곤충 또는 박테리아 등의 역할에 의해서만 만들어지며 그것들 없이는 공기는 만들어지지 않는 것과 같다.

요즘 지구촌은 우리 한국의 분당 샘물교회 신자들의 탈레반 피랍살인문제로 온통 시끌벅적하다. 아프칸에 의료봉사활동을 위해 간 사림들을 무단으로 납치하여 자신들의 목적달성을 위한 수단으로 삼았기 때문이다. 총 23명 중 남자 2명은 이미 살해되었고 나머지 21명도 자기들의 요구가 받아들여지지 않을 경우 모두 살해하겠다고 위협하고 있다.

참으로 말도 안 되는 요구조건이다. 그들이 납치한 의료봉사단원은 자기네 국민 중 질병으로 신음하는 사람들의 고통을 덜어주고 치료해 주기 위해서 간 사람들인데 그들을 납치하여 인질로 삼고, 저들의 요구가 받아들여지지 않을 경우 모두 살해하겠다고 위협하고 있으니….

문제는 저들은 저들 나름의 확실한 신념을 가지고 행동하고 있다는 것이다. 몸에 폭탄을 지니고 언제든지 자폭을 하여 죽음으로써 자신들의 적에게 피해를 주는 것이 저들의 종교적 신념 즉 가장 잘 사는 길로 믿고 있는 것이다. '너'와 '나'의 극단적인 대립관계를 말한다 하겠다.

우리가 생각하기에는 말도 안 되는 행동으로 보이는데 저들은 저들 나름대로 옳은 행동으로 생각하고 있으니 이 깊은 골을 무엇으로 메울 수 있다는 말인가? 무엇이 그렇게 행동하도록 만들었는가? 그것은 바로 종교적 신념 때문이다. 일단 어떤 신념이 확고하게 자리 잡으면 보통의 상식으로는 이해가 안 되는 행동을 서슴지 않고 할 수 있는 것이 종교적 신념인 것이다.

그런데 우연이기는 하겠지만 이때를 당하여 일간신문의 신간서적 소개코너에서 이와 같은 행동이 종교적 맹신주의에 근원하는 것으로 보고 종교를 부정하는 책이 해설기사와 함께 소개되고 있다. 그중 하나는 진화생물학자로서 영국 옥스퍼드 대학교 교수인 리처드 도킨스(Richard Dawkins)의 신간 「만들어진 신(원제 The God Delusions)」이고, 다른 하나는 종교학과 신경학을 전공한 미국의 저술가 샘 해리스(Sam Harris)가 쓴 「종교의 종말(원제 God End of Faith)」이다.

신문에 소개된 내용을 일부 요약해 본다.

먼저 「만들어진 신」이다. 우선 저자 도킨스는 '신은 절대자가 아니라 존재할 수도 있고, 그렇지 않을 수도 있는 가설'이라고 말하고, 알 카에다나 탈레반 같은 극단주의자들뿐 아니라 '신앙 그 자체를 반대한다'고 말한다. '이슬람과 기독교는 모두 아이들에게 의문을 품지 않는 믿음이 덕이라고 가르친다며, 온건한 종교의 가르침은 비록 그 자체로는 극단주의가 아니더라도 극단주의에 이어지는 공개초정장이 된다.'고 주장하고 있다.

해설기사는 이어서 말한다. 만약 기독교와 이슬람교가 없었다면 '자살폭파범도, 9·11도, 십자군도, 마녀사냥도, 이스라엘과 팔레스타인의 전쟁도, 보스니아 대량학살도, 명예살인도 없는 세상이 될 것'이라고….

다음은 「종교의 종말」이다. 저자 샘 해리스는 말한다. '한 인간 집단을 다른 집단과 구별되도록 만들어 결국 대량살인의 기치 아래 단합되도록 할 뿐인 신념들의 대부분은 불행하게도 종교에 뿌리를 두고 있다. 만약에 우리 인류가 전쟁 때문에 멸종을 맞게 된다면 그것은 우리의 경전들에 그렇게 나와 있기 때문일 것이다. 그것이 바로 '신'이나 '낙원', '죄' 같은 단어들에 의지한 채 현재 우리가 하고 있는 일이다.'

이상 중세 이래 종교의 이름으로 행해진 해악을 보며 종교인의 한 사람으로서 자괴를 금할 수 없는 바이지만 그렇다고 2천여 년의 긴 세월에 걸쳐 수천억의 신도들이 철석같이 신봉해 온 신념들이 쉽게 바뀔 수는 없는 일이라고 생각할 때 지구촌의 앞날이 암담하다 아니할 수 없다.

문제는 '나의 종교가 최고'라는 신념을 버리는 것인데 그러기 위해 필요한 것이 '나를 바로 보는 것'이라고 말하고 싶다. 모두에서 말한 바와 같이 내가 존재하는 것이 나 독자적으로 존재하는 것이 아니라 나를 둘러싼 모든 것과의 의존관계에서만 존재한다는 것을 확실하게 인식하는 것 말이다. 마치 중동의 경우 사막지대로서 지구촌의 다른 지역에서 산소가 공급되지 않고는 생물이 생존을 유지할 수 없으며, 우리들이 늘 들이마시지 않으면 생명을 유지할 수 없는 공기 속에는 우리들의 원수라고 생각하고 있는 사람의 숨도 섞여있다는 것을 떠올려 보라고 권하고 싶다.

(2017. 1)

'내 안의 나' 비우기

10여 년 전쯤 되었을까, 우리나라 대중가요로 유행했던 노래 중에 조성모의 '가시나무새'라는 노래가 있었다. 가시나무의 살벌한 상황을 인간관계의 상황에 비유한 노래로서 가사의 일부를 인용하면 다음과 같다.

> 내 속엔 내가 너무도 많아/ 당신의 쉴 곳 없네./ 바람만 불면 그 메마른 가지/ 서로 부대끼며 울어대고/ 쉴 곳을 찾아 지쳐 날아온/ 어린 새들도 가시에 찔려 날아가고/ 바람만 불면 외롭고도 괴로워/ 슬픈 노래를 부르던 날이 많았는데/ 내 속엔 내가 너무도 많아서/ 당신의 쉴 곳 없네.

그런가 하면 얼마 전 KBS-1TV에 출연한 한 사찰음식을 소개하는 비구니스님의 대화 중에 "저는 '내 안의 나'가 많아서"라는 말을 하는 것을 들었다. 어느 것이나 '내 안의 나'가 많은 것은 바람직하지 않은 것을 말하는데 그것이 무엇인가, 이기심, 또는 아집이라 할 수 있고, 그것이 많으면 많을수록 다른 사람이나 생물들과의 친화가 어렵다는 것을 말해 주는 것이라 할 수 있다.

'내 안의 나'는 어떻게 하여 비워지는가? 어린아이의 성장과정을 보자. 영유아는 본능적으로 행동한다. 그러나 성장하면서 나 아닌 남과의 관계를 의식하게 되고 남과의 관계에서 한계에 부딪치면서 점차적으로 사회화의 과정을 밟아 '내 안의 나'를 줄여나가게 된다. 즉 남과의 조화가 자기에게도 유리하다는 것을 의식하게 되는 것이다.

인간관계에서 교훈이 되는 말로 '나 하기 싫은 것을 남에게 하게 하지 말라'가 있다. 이 말은 성인들의 말씀이기도 한데 논어에 보면 '기소불욕 물시어인(己所不欲 勿施於人)하라'는 가르침이 있고, 서양속담에도 같은 가르침이 있다. 결국 나의 마음이 얼마나 다른 사람의 마음을 받아들일 수 있는 너그러움이 있는가가 관건이라 할 수 있다. 앞에서 본 노래 가사처럼 내 마음속이 온통 가시로 가득 차 있어 다른 사람의 마음을 용납할 만한 공간이 없거나 다른 생물을 아낄 수 있는 마음의 여유가 없다면 그런 사람은 결코 남에게 환영받을 수는 없을 것이며, 스스로도 행복할 수 없을 것임은 자명한 이치라 할 수 있다.

그런데 '내 안의 나' 비우기를 남과의 관계에서 적절히 비우는데 그치지 않고, 의도적으로 모든 것을 바쳐 오로지 '내 안의 나' 비우기에 전념하는 사람들이 있으니, 이른바 수행자들이다. 불교의 경우 선방(禪房) 수좌(首座)들이 그 예이다. 그들은 화두참구(話頭參

究)에서, 길을 가거나(行), 일정한 장소에 머무르거나(住), 앉거나(坐), 눕거나(臥), 말을 하거나(語), 잠자코 있거나(默), 움직이거나(動), 선정에 들어있거나(定) 심지어 숙면 중이거나, 꿈속에서조차 오로지 주어진 화두(話頭)를 생명줄처럼 놓지 않고 참구하라 한다. 그리고 그 화두란 1,700 공안(公案) 모두가 분별심(分別心)을 넘어 우주와 일체가 되지 않고는 깨칠 수 없도록 짜여져 있다. 그래서 화두가 타파된다는 것은 그 주체가 우주만물과 하나 되는데에 목표가 되고 있다. 그러므로 동체대비(同體大悲)의 경지가 되는 것이다. 그런 사람을 부처 즉 깨달은 사람(佛), 성인(聖人)이라 한다.

논어에서도 보면 이인(里仁)편에 다음과 같은 어구가 나온다.

공자님께서 말씀하셨다. '군자가 인(仁)을 떠나면 어찌 이름을 이룰 수 있겠는가, 군자는 밥을 다 먹는 동안에도 인을 떠남이 없고, 경황 중에도 이 인에 반드시 같이 하며, 위급한 상황에도 이 인에 반드시 같이 하는 것이다.(君子-去仁이면 惡(오)乎成名이리오. 君子-無終食之間을 違仁이니 造次에 必於是하며 顚沛에 必於是니라.)'라는 구절이 있다. 그리고 공자께서 가장 아끼는 제자인 안회(顔回)에 대해서 말하기를 '안회는 그 마음이 3개월 동안 인을 떠나지 않고, 그 나머지 사람들은 하루나 한 달에 한 번 인에 이를 뿐이다.'라는 말이 나온다.

이러한 견해는 금세기의 성자로 알려진 알버트 슈바이쳐 박사의 어록에도 다음과 같은 구절이 나온다.

파도는 출렁이는 바다표면의 한 부분에 지나지 않을 뿐, 파도 혼자 독립적으로 존재할 수 없다. 이처럼 나도 나 자신만을 위한 삶을 살 수 없고, 나의 삶 또한 내 주변에서 일어나는 모든 것들과의 경험을 통해 늘 존재할 뿐이다. 다른 모든 생명도 나의 생명과 같으며, 신비한 가치를 지녔고, 따라서 존중하는 의무를 지닌다.

지금은 지구촌시대이다. 정보교류가 세계동시권적으로 이루어지고, 세계의 모든 인종과 종교와 문화가 한 마을에서 뒤섞여서 사는 시대를 맞았다. 옛날같이 문명권이 뚝뚝 떨어져서 살 때에는 서로 다르다는 것이 문제되지 않았다. 그러나 지금은 다르다. 다문화사회가 그것이고, 세계의 분쟁지역들 중 나와 다르다는 이유로 같은 문화권 안에서도 분쟁이 끊이지 않는 예를 볼 수 있다. 세상이 변하면 사람의 마음도 변해야 할 것임은 당연한 이치이다. 그러기 위해서 필요한 것이 무엇인가? 분별심을 넘어서야 한다는 것이다. 과연 우리 인류는 '내 안의 나'를 비워 새로운 도전을 슬기롭게 넘길 수 있을 것인가? 21세기의 화두이다.

(2016. 5)

내 마음속의 자

언제부터인가 나는 마음속에 자를 하나 넣고 다녔습니다.
나무를 만나면 나무를 재고, 사람을 만나면 사람을 재었습니다.
나는 내가 지닌 자가 제일 정확한 것이라고 생각했습니다.
가끔 나를 재는 사람을 볼 때마다 무관심한 체하려고 했습니다.
간혹 귀에 거슬리는 얘기를 듣게 되면, 틀림없이 그들의 눈금이 잘못된 거라고 생각했지요.
그런데 어느 날 한 번도 내 자는 나를 잰 적이 없음을 깨달았습니다.
그 후 나는 아무것도 재지 않기로 마음먹었습니다.

위의 글은 2007년 4월 서울의 어느 전철역 승강장 구내의 벽에 걸린 '풍경소리' 게시판에 적혀 있는 구암중학교 교사 김남선 선생님의 글이다. 나는 이 글을 읽으면서 김남선 선생님이 어떤 분인지 모르지만 어쩌면 이토록 좋은 글을 내놓으셨는지 감탄하지 않을 수 없었다. 그 까닭은 하나의 깨달음이기 때문이다.

나의 자로 남을 재지 않는 사람은 얼마나 있을까? 아니 내가 나는 보이지 않으니 잴 수가 없는 까닭일 수도 있을 것이다. 거울처럼 반면이 되는 경우가 있기는 하지만 나 스스로를 객관화하지 않고는 잴 수 있는 기회가 좀처럼 없을 것이니 말이다.

길을 가다 어떤 사람을 만난 경우 못생겼으면 왜 좀 더 잘 생길 수는 없었을까? 하는가 하면, 너무 비대한 사람을 만나면 '몸 관리를 좀 할 것이지 어찌 저렇도록 내버려 두었을까?' 하기도 하고, 담배꽁초나 휴지를 함부로 길이나 공공장소에 버리는 사람을 볼 때면 어찌 저렇게 행동하나 하기도 하고….

어차피 더불어 사는 사회이니 때로는 잘잘못에 대하여 평가를 전혀 하지 않는 것이 능사는 아니라 할 수도 있다. 어린 이가 잘못할 경우 참견하여 시정하도록 타일러야 할 때도 있고, 나의 경우 오지랖 넓게 담배꽁초를 함부로 길에 버리는 사람에게 '그걸 여기다 버리면 누구보고 치우라는 거요?' 하고 참견까지 하는 예도 있었다.

그런데 과연 나의 얼굴은 내가 기대하는 만큼 잘생겼으며, 나의 체격은 내가 기대하는 만큼 균형이 잡혀 있는가?

나의 행동은 내가 남들에게 기대하는 만큼 친절하고, 교양 있게 처신하고 있는가?

나는 몸가짐에 있어서 남에게 혐오감을 느끼지 않을 만큼 정결하고 정돈된 상태로 남들 앞에 나타나고 있는가?

나는 남과의 관계에서 내가 남에게 기대하는 만큼 예의 바르고, 신뢰를 주고 있는가? 등등….

사실 나의 자로 남을 잰다는 것은 그 재는 자의 성질에서 조심스럽고 위험하기조차 한 일이다. 더구나 지구촌시대에는…. 내가 사는. 내가 속한 사회가 만들어 준 자이기 때문이다.

예를 들어 근년에 유럽 각국에서 일어나는 일이다. 그곳에는 일찍이 노동자로서 이슬람 사람들을 이민으로 받아들여 전 유럽 인구의 거의 20% 정도의 이슬람 사람들이 그들 나라 국민으로 살고 있는데, 이슬람 여인들이 외출할 때마다 머리에 쓰고 다니는 히잡이 문제가 되었다.

각급학교 한 반에 히잡을 두른 학생이 섞여있을 때 이질감이 느껴지는 것은 오히려 당연한 일이라 해야 할 것이고, 신분증을 만드는 경우 반드시 증명사진이 들어가기 마련인데 히잡을 벗고 사진을 찍도록 했더니 이슬람 풍속에서는 그럴 수 없다고 거부함에 따라 문화의 갈등현상으로까지 발전하게 된 것이다.

그런데 며칠 전 URI(종교연합선도기구)모임에서 만난 한 기독교 목사는 말하기를 히잡을 두르는 것은 외간 남자에게 얼굴을 보여 '상대방 남성으로 하여금 음심을 불러일으키지 않으려는 배려에서 나온 관행'이라는 것이니 나와 다르다는 이유만으로 남을 나쁘게 평가하는 것이 얼마나 위험한 태도인지를 알만도 하다 하겠다.

이상의 예를 고대 그리스의 철인 플라톤은 '동굴의 비유'라는 표현으로 그 위험성을 말해왔지만, 우리가 무엇을 본다는 것은 부지

불식간에 누구나 자기가 성장한 사회의 관행에 따른 색안경을 끼고 세상을 본다고 말할 수도 있다.

나의 자로 남을 잰다는 것은 과연 위험한 일이다. 그것은 평가하는 시점의 불일치에서 오는 경우도 있다. 예를 들어 전에 보고 느꼈던 상대방에 대한 인상이 계속 남아 있다가, 평가하는 시점에 작용하는 경우 말이다. 이 경우 지금 그 사람은 달라져 있을 수 있는 데도 계속 그대로일 것으로 생각하고 평가함으로써 잘못을 저지르게 된다.

또 한 가지는 수행자의 자세로서 '어찌 나를 들여다볼 시간의 여유가 있어서 남을 재고 있는가?' 하는 것이다.

전통적인 사회에서도 남을 평하는 것은 매우 조심스런 일이다. 그런데 지금은 지구촌시대라, 세계 여러 문명권의 사람들이 하나의 사회 안에서 공존해야 하는 시대이다. 이런 사회에서는 하루 속히 나와 다른 풍속과 관행에 대해 너그러워져야 한다.

무언가를 기대하면서 사물을 보면 사물의 실상을 볼 수 없다. 색안경을 쓰고 사물을 보는 것처럼…. 김남선 선생님의 작은 깨달음이 소중한 까닭이 여기에 있다.

(2016. 5)

2부

더불어 사는 사회

길동초등학교 앞 통학로 유감

작년, 그러니까 2007년, 내가 늘 바깥출입을 하노라면 지나게 마련인 길동초등학교 앞 통학로는 엄청나게 미화되었다. 종전의 철근콘크리트 창살의 담장을 철거하고, 울타리를 생나무울타리로 바꿨는가 하면 운동장 가장자리에 녹지대를 늘려 아담한 화단을 조성했고, 담장 밖은 콘크리트 벽으로 되었던 은행나무 가로수분을 헐고 분홍색과 붉은 벽돌로 개축했다. 그리고 가로수분 안에는 맥문동을 심어 사철 초록색의 날씬한 잎이 무성하게 되었다. 실로 이만하면 건너편의 아파트단지 옹벽에 무성한 담쟁이넝쿨과 어울려 미관지구라 해도 손색이 없을 만큼 아름다워졌다.

어디 그뿐인가, 보도블록도 시원한 청색으로 바뀌고, 보도와 차도를 구분하는 경계에 시설된 가드펜스도 어린이들이 발로 툭툭 걷어차면 연결부분이 물러나 보기에 흉해 나도 몇 번이나 구청에 연락하여 보수하곤 하던 것을 모두 철거하고 무지개형의 우아한 가드펜스로 바꾸어놓았다.

그리고 나중에 교장선생님으로부터 들어서 알게 되었지만 운동장도 마사토 500㎥를 깔아 걷기에 경쾌하도록 하고, 기왕에 담장을 철거했으므로 심야개방제한조치를 철폐하여 밤늦게까지 주민들에게 개방하고 있단다.

문제는 이용주민들의 자세였다. 어린이들은 무엇이 그리 급한지 몇 발작이면 통로가 있는 데도 질러간다고 새로 심어놓은 사철나무 생나무울타리를 넘어 학교운동장에 들어가느라 울타리와 녹지대를 망가뜨리는가 하면 학교 앞 은행나무가로수분이 앉아 쉬기에 적당하게 되자 한여름 밤에 걸터앉아 쉬면서 음식을 먹고는 가로수분에 함부로 쓰레기를 버려 아침마다 가로수분에는 담배꽁초는 물론 음식을 포장했던 종이컵, 아이스크림 껍질, 빈 캔 등을 버리고 가 뜻있는 이의 눈살을 찌푸리게 했다.

그러던 어느 날이었다. 외출에서 돌아오던 차 생나무울타리주변을 따라 어질러진 환경을 손보고 있는 초로의 단정한 차림의 남자를 만났다. 그래서 "혹시 학교 선생님 아니십니까?" 하고 물었다. 돌아오는 답은 이 학교 교장선생님이었다. 그러면서 하는 말이었다. "조금만 돌아가면 통로가 있는데 무엇이 그리 급한지 질러 다니느라 다 망가뜨리는지 모르겠습니다."라고.

그런 일이 있은 지 얼마 후의 일이었다. 어차피 이 학교 앞을 지나서 출입을 해야 하는 나는 이 길을 지날 때마다 공분을 느끼곤 했다. 동사무소에서는 가끔씩 노인들을 시켜 청소를 하는 것이

고작이었다.

나는 생각했다. 주민들의 의식을 뜯어고치지 않는 한 고쳐지지 않는 일이라고. 왜 저들은 쓰레기를 아무데나 함부로 버리는지? 그 까닭은 자기의 전용공간이 아니기 때문이다. 만약 그곳이 자기네 안방이나 거실이라면 절대로 함부로 쓰레기를 버리지는 않을 터이니까.

그래서 외출에서 좀 일찍 돌아오는 날 이 학교 교장선생님을 찾아갔다. 먼저 "지난번에 길가에서 생나무울타리를 손보실 때 잠깐 뵌 사람입니다. 생각나십니까?" 하고 인사를 하고 이야기를 꺼냈다.

"학교 앞 통학로 가로수분에 쓰레기 버리는 버릇을 고쳐야 하는데 어떻습니까? 학교 학생들의 가정에 통신문을 보내고 또 학생들에게 훈화와 강의시간에 강조를 하는 한편 관할 동사무소와 함께 캠페인을 펼쳐보는 것은?"

교장선생님의 답변이었다.

"이 학교로 오기 전에 송파관내 문정동의 훼미리아파트단지 안에 있는 초등학교에서 근무했는데 그쪽하고 여기하고 이토록 차이가 날 줄은 몰랐습니다. 역시 의식수준이 다르기 때문인 것 같습니다. 그 학교 운동장 가장자리에는 감나무를 심었는데 가을이면 감이 빨갛게 익어도 따가질 않았습니다. 그런데 여기 와 보니 여름방학 중 학교운동장 오른쪽 교실 앞 '조롱박터널'에 열려있는 단호박이 꽤나 많이 줄어있는 것이었습니다. 그쪽의 학부모들의 직업분포 조사결과 법조인을 비롯한 사회적 중견층들이 50%가 넘었던 것을 기억하고 있습니다."

또 덧붙여서 하는 말이다.

"새로 지은 체육관 건물과 본 건물과의 사이, 2층에 다리가 놓여져 밑에는 시원한 바람이 통하게 되자 밤마다 불량청소년들이 와서 맥주파티를 하고 빈 캔을 함부로 버리고 가서 아침마다 그걸 치우느라 신경을 써야 합니다."라고. 결국 경찰계통의 방범대라도 협조해야 하겠구나 생각하면서 돌아왔다.

나쁜 버릇은 고쳐져야 하는데 어린이들은 어려서 버릇을 잘 들여야 하고 어른들은 의식개혁을 하는 수밖에 없다. 그래서 나는 이 지역주민의 의식개혁운동을 전개하는 것은 어떨까 생각하면서 그 계몽전단으로 다음과 같은 요지를 생각해 보았다.

① 함부로 쓰레기를 버리는 것은 내 집 안이 아니라는 얕은 생각 때문인데 쓰레기가 발생하면 보기 흉하므로 치워야 하고, 치우려면 비용이 드는데 그것은 모든 시민이 부담해야 하니, 그런 어리석은 일을 해서야 되겠는가?

② 독일의 시인 라이나 마리아 릴케는 알프스에 올랐을 때 하도 경관이 수려하고 성스러워 마침 소변이 마려워도 참고 바지에다 싸고 내려왔다는 이야기

③ 우리의 선각자 단재 신채호 선생은 공중화장실에 들어갔다 하면 남이 어질러 놓은 것이라도 깨끗이 청소를 하고 나왔다는 일화

④ 사람으로서 이 세상에 태어나 세상을 더 깨끗이 하고 가지는 못할망정 어지럽히고 갈 수는 없지 않은가

⑤ 가로수분에는 '저도 쓰레기는 싫어요!'라는 쪽지를 나무 밑동에 매달아놓도록 하는 것이다.

이미 굳어질 대로 굳어진 어른들의 의식을 고치기는 어렵다. 그러나 그렇다고 언제까지나 저절로 고쳐지기를 기다리고만 있을 것인가? 벌써 30여 년 전 '일본경제신문'에 난 기사이다. 가계마다 상품을 도로에까지 내놓자 '도로를 넓게 쓰기운동'이라는 운동을 펼치면서 길에까지 상품을 내놓는 가게에서는 '불매운동'을 벌여 나쁜 버릇을 고치게 했으니 어찌 타산지석이라고만 하겠는가?

이제 다시 야외활동이 많아지는 계절이 돌아오고 있다. 더운 여름이 오면 틀림없이 그 가로수분이 쓰레기들로 어질러질 것을 생각하게 된다. 뭔가 묘안은 없을 것인가? 관청이 아닌 주민들이 주도하는 운동이면 더 좋으련만….

(2000. 2)

상냥한 인사문화

33년 전의 일이다. 내가 서울시의 하수과 과지계장 당시 우리나라의 하수도사용료제도를 창설하기 위하여 세계 대도시를 일주하면서 영국 런던에 이르러 '피카디리 서커스'라는 지역의 한 호텔에 머물렀을 때였다. 호텔 식당에서 아침식사를 마치고, 일행과 함께 방으로 올라가느라 엘리베이터를 탔는데 내가 엘리베이터 안에 막 들어서자마자 문이 닫히는 순간, 마침 한 흑인 노인이 들어오다가 문에 끼이었다. 나는 황급히 버튼을 눌러 문이 다시 열리자 그 노인이 엘리베이터 안으로 들어오게 되었는데 들어오자마자 "땡큐!" 하는 것이었다. 그런데 나는 그런 일쯤은 대수로운 일도 아니므로 그저 덤덤하게 아무 응답도 하지 않고 가만히 있었더니 그 노인은 다시 정색을 하면서 "땡큐!" 하는 것이었다. 나는 아하! 이때에는 응답을 해야 하는가보다 하고 "유어 웰컴" 했더니 그때에야 평상의 얼굴로 돌아오는 것이었다.

일행과 함께 방에 돌아와서도 저들과 우리 인사법이 다르구나, 생각하면서도 굳이 답변이 필요한가 하는 생각을 한 바 있다. 왜냐 하면 우리나라에서라면 그저 덤덤하게 침묵으로 대하고 마는 것이 관례였으니까.

또 한 번은 뉴욕의 어느 거리에서 먼 곳을 바라보고 있을 때였다. 50대쯤의 한 남자가 내 앞을 가로질러가면서 "엑스큐스 미" 하는 것이었다. 나는 도시에 살면 늘 있을 수밖에 없는 상황이라 굳이 미안하다고 말할 필요도 없는데 뭘 미안하다고 하는가, 생각하면서 응대도 하지 않고 무덤덤하게 넘긴 적이 있다.

어디 그뿐인가. '미안합니다'와 '감사합니다'라는 인사법은 얼마나 많이 듣게 되는지 그래서 아하! 선진국이라는 것이 바로 이런 것인가, 하는 생각을 하기도 했었다.

어떤 이의 경험에 의하면 이른 아침에 공원에 나갔더니 부지런한 사람들이 산책 나오면서 서로 인사하는데 일면식도 없는 한 금발 묘령의 여인이 우리나라 남자에게 "하이!" 하여 당황했다는 기사를 읽은 적이 있다.

이런 일들은 선진국에 가면 흔히 경험하는 일이지만 언제까지나 '문화가 다르니까'라고만 치부하고 넘겨도 괜찮은 일일까? 복잡한 거리나 전차 안에서 남의 발을 밟았다던가, 어깨를 부딪쳤을 때 우리는 그저 보통 있는 일이니까 하고 그냥 지나쳐버리지만 앞에서 이야기한 나라 사회에서 살아가는 사람들의 예법에는 무례하게 보일 수도 있다면 우리가 고쳐나가야 할 일이 아닐까?

우리 사회 예법의 발전상황에 대해서 말하고 싶다. 우리 사회에서도 서비스 산업이 발전하면서 그 산업에 종사하는 사람들의 인사법이 크게 달라지고 있음을 발견할 수 있다. 아니 어떤 면에서는 공공부문에서의 전화 받는 예법을 포함하여 엄청난 변화를 가져온 것이 사실이지만 음식점에서의 경우 손님이 식사를 끝내고 나갈 때 '고맙습니다.'라든가, 은행의 청원경찰이 '안녕하세요.' 또는 '안녕히 가십시오.'라든가 버스를 타고 내릴 때 '안녕하세요.', 또는 '안녕히 가세요.'라고 인사할 때 우리는 그저 못들은 척 아무런 대꾸도 하지 않고 넘기는 것이 우리 인사문화의 현 실태이다.

이때 우리는 의례적인 인사이니까 굳이 답할 필요가 없다고 생각하는 것이 관행처럼 되어있지만 과연 그것이 정도일까? 그래서 외국 사람들이 우리나라 사람들에게서 느끼기를 무뚝뚝하다는 평을 듣는 것은 아닐까?

인사말은 하나의 교감언사이다. 교감은 가면 오기 마련이다. 그러하다면 인사를 하는데 무덤덤하다는 것은 정상적인 인사법은 아니다. 내가 런던의 한 호텔 엘리베이터에서 흑인 노인의 "땡큐"에 아무런 대구도 하지 않은 것은 저들의 감각에서는 자연스럽지 않은 태도였다. 그런데 우리의 경우 지금 서비스업계에서는 상냥하게 인사를 하도록 노력하고 있는데 그 인사를 받는 사람들은 묵묵부답으로 일관하여 인사를 하는 사람들로 하여금 맥이 빠질 수 있다는 것이다. 만약 그 인사를 받는 사람이 음식점에 들어올 때에는 같이 "안녕하세요." 나갈 때에는 "잘 먹었습니다.", 은행이나 버스에 타거나 내릴 때 "안녕하세요!", 내릴 때 "감사합니다."라고 인사할 때에는 응답으로 역시 "안녕하세요." 또는 "수고하세요."라고 응답한다면 인사 한 사람이 더욱 상냥한 인사를 하려는 자세로 나아가지지 않을까?

옛부터 우리나라를 언필칭 '동방예의지국'이라고 칭해왔다. 그러나 오늘의 시점에서도 그렇다고 말할 수 있을까? 아닐 것 같다. 그 '동방예의지국'은 봉건사회 내지는 농경사회에서나 어울리는 호칭이었을 것이다. 오늘날처럼 다중사회, 익명성을 특징으로 하는 시민사회에서는 어울리지 않는 예의일 것 같다. 시민사회에서는 내가 아는 사람이건 모르는 사람이건, 어른이건 아이이건, 여자이건 남자이건 차별 없이 상대방을 존중하는 풍토로 바뀌어야 하는 것이다.

더구나 이제는 지구촌시대이다. 옛날과 같이 종교와 풍속이 다른 나라 사람들이 따로따로 사는 사회가 아닌 것이다. 우리나라에도 이미 외국인이 100만 명 이상 와서 살고 있고, 우리국민들이 외국에 나가 사는 수도 그 정도이거나 더 많을지도 모른다. 이때 우리의 인사법이 외국인에 비하여 무뚝뚝하다는 평을 들어서는 안 된다.

뒤돌아보면 오늘만큼의 인사법이 발달한 것도 광복 이후 개방사회의 풍조에 알맞게 의도적인 노력에 의해 발전된 것이다. 우리는 전쟁을 겪고서도 경제발전과 민주화를 짧은 기간에 성취한 것에 대하여 자부심을 느끼고 있다. 그러하다면 우리의 자존심을 위해서도 우리도 저들처럼 상냥한 인사법을 익히도록 사회운동으로 전개하여야 하는 것은 아닐까?

(2010. 9)

쓰레기 버리는 버릇 유감

얼마 전 버스정류장에서 있었던 일이다. 버스를 기다리고 있는데 한 중년 여인과 아들 뻘 될까 한 젊은 남자가 버스를 기다리다가 그 중년 여인이 소지품 중 무엇을 잘 못 다뤘는지 비닐조각 하나가 떨어져 도로에 떨어졌다. 그런데 그 여인이 그 비닐조각을 주울까 말까 망설이다가 안 줍기로 마음먹었는지 그냥 내버려 두는 것이었다. 내가 보고 있다가 말했다.

"주워서 버릴 곳에 버려야지요. 버릴 곳이 없으면 주머니나 가방에 넣었다가 책임 있게 처리될 수 있는 곳에 버려야지오."라고. 그러자 눈치를 채었는지 다시 그 버려진 비닐조각을 주워서 버릴 곳을 찾아 자리를 뜬 사이, 일행으로 보이는 그 젊은 남자에게 말했다. "혹시 외국인이신가요?" 물었더니 그렇다는 것이었다.

이야기가 나왔으니 말이지만 재작년쯤엔가, 버스정류장에서 일어난 일이다. 버스를 기다리고 있는데 한 60대쯤으로 보이는 한 남자가 담배를 피우다가 담배꽁초를 가로수분에 버리는 것이었다. 오지랖이 너무 넓은 탓인가 참지 못하여 그 남자에게 말했다.

"담배꽁초를 여기에 버리면 누구보고 치우라는 것입니까?"라고. 그러자 그 남자가 말했다. "가로청소원이 치우면 되지요. 그리고 아니 내가 담배꽁초를 여기에다 버리건 안 버리건 당신이 무슨 권리로 간섭이요?"라고. 나의 답이었다. "간섭할 권리가 있죠!"라고. 그러자 그 사람의 말이었다. "어찌 해서 그럴 권리가 있다는 것이요?"라고. 내가 또 말했다. "권리가 있죠. 우선 거리가 지저분해지면 보기 흉해져서 보기 싫고, 또 가로청소원에게 주는 재원이 되는 오물수거수수료를 나도 부담하니 왜 내게 권리가 없오?"라고. 이치인즉 맞는가 싶었던지 말이 막히자 그 사람이 말했다. "당신 참 잘 났소."라고….

사태가 험해지는 것을 옆에서 보고 있던 50대쯤 되어 보이는 한 남자가 끼어들었다. "거 어르신 말씀이 맞지 않습니까? 이해하세요."라고. 그러자 분이 좀 풀렸는지 그 60대 남자가 고개를 돌렸다.

그렇게 1막이 끝나고 버스가 와서 버스를 타게 되었는데 그 사람도 같은 버스에 타고 있어 혹시나 해코지라도 하지나 않을까 하는 생각도 해보았지만 다른 일은 없었다.

담배꽁초 이야기가 나왔으니 말이다. 담배를 피우고 생긴 담배꽁초는 어차피 버리기는 버려야 하는데 담뱃불을 끄고, 그 재를 털고 난 후에, 꽁초를 뽑은 담배 갑의 뽑은 자리에 넣으면 안 될까?

그리고 며칠 전에 있은 일이다. 내가 살고 있는 동네 바로 집 앞 버스가 다니는 큰 길 가, 1.5m×2.5m 정도 되는 공지에 화단처럼 상록수를 심어놓은 공간이 있는데, 지나다니는 사람들이 담배꽁초, 휴지, 빈 컵 그밖에 온갖 쓰레기를 버려 지나다닐 때마다 기분이 상하여, 저 나쁜 버릇을 고칠 수는 없을까 궁리 끝에, 공고문 아닌 공고문을 A-4용지에 큰 글씨로 워드를 쳐서, 비닐봉지에 넣고, 가는 철사를 꿰어 나무에 매달아놓은 적이 있다. 그 내용은 다음과 같은 것이었다.

이 거리를 지나다니시는 여러분께

이곳은 비록 화단은 아니지만 삭막함이 덜 하도록 푸른 나무를 심어놓은 공간입니다. 그러니 녹지가 부족한 도시공간에서는 이만한 공간이라도 아끼고 가꿔야 할 소중한 공공성 자산이라 할 수 있습니다.

그런데 이게 뭡니까? 쓰레기처분장이라도 되는 양 별별 쓰레기로 어질러져 있으니…. 우리 서울시민의 자질이 이 정도밖에 안 되는 것일까요?

지날 때마다 마음이 편치 않아 이렇게 표지판을 세우게 되었습니다. 어떻습니까? 이래서는 안 되겠지요? 쓰레기가 생기면 그것을 가지고 가서 책임질 수 있는 곳에 버린다면 이런 일은 없겠지요?

나 편하자고 공공의 공간을 어지럽히는 것은 떳떳한 시민으로서는 어울리지 않는 행동입니다. 다시는 이런 일이 없도록 합시다.

- 이 거리를 자주 다니는 한 시민이

이상과 같은 취지의 글을 써서 이를 비닐봉지에 넣어 자정이 가까워 행인이 뜸한 시간에 나가 그 공간에 있는 나무에 매달아 놓았는데 다음 날 나가보니 쓰레기는 그대로인데 그 공고문은 자취도 없이 사라지고 없었다. 과연 누가 치워버렸을까? 집주인일까, 아니면 지나던 주민이었을까?

하루, 이틀, 그 공간은 변함이 없었다. 그런데 3일 만인가? 그 녹지공간은 말끔하게 정리되어 있는 것이었다. 누구일까? 집주인일까? 집주인이겠지? 누구인지는 알 수 없으나 깨끗해졌으니 일단은 쾌재를 부르지 않을 수 없었다. 시실은 나 스스로가 깨끗이 청소할 수도 있었지만 되도록이면 여러 사람이 보고 자숙할 수 있는 효과를 기대하였던 것이었다.

버리는 사람의 심리를 생각해 본다. 나의 공간은 깨끗해야지만 남의 공간은 더럽고 어지러워도 상관없다는 생각이리라. 인구밀도가 희소한 농촌지역이라면 별 문제가 안 될 수도 있지만 도시지역에서 그런 사고방식을 가지고 있다면 그것은 시민의 자격이 없는 사람이라 해야 할 것이다.

그보다 한 발걸음 더 나아가 생각해본다. 세상에 태어나서 한세상 살고 가면서 나로 인해 이 세상이 조금이라도 깨끗해진다면 모르되 더 지저분하게 해놓고 간대서야 어찌 떳떳한 삶이었다고 위안할 수가 있겠는가?

집에서 손녀를 길러본 적이 있다. 저 녀석으로 인하여 쓰레기가 생겼을 때 그 쓰레기의 처리를 저 녀석이 맡아 하도록 하고, 분리 수거방식을 알려주었더니 세 살배기 녀석이 곧잘 하는 것을 보았다. 그러면서 생각한 것은 세 살 버릇이 여든 간다고 하지 않는가, 걸을 수 있을 때부터 버릇을 들인다면 어른이 되어서도 바람직한 행동을 하지 않을까?

(2016. 3)

주인 없는 가드펜스

나는 서울의 변두리 한 초등학교와 공공도서관 앞길에 시설된 가드펜스입니다. 내가 이곳에 시설된 것은 지금으로부터 약 2년 전이었습니다. 지형적으로 배후를 이루는 산으로부터 흘러내리는 빗물과 산 아래 시가지화 된 지역에서 배출되는 하수를 배수하기 위한 복개도로가 내가 있는 길입니다.

한 아파트단지와 마주하고 있는 이 길에 처음부터 지금의 가드펜스가 시설된 것은 아니었습니다. 처음에는 평범한 시멘트 제품의 도로경계석에 시멘트제품의 벽돌이 깔려 있을 뿐 가드펜스는 없었습니다.

그랬던 것이 지방자치의 덕택이었을까요. 구청당국에서 전에 있던 벽돌과 도로경계석을 모두 걷어내고 복개도로의 한쪽 그러니까 학교 쪽에 전보다 훨씬 높고 단단한 화강석 도로경계석을 설치하고, 보도의 바닥에도 꽃 모양의 고압벽돌을 까는 한편 보기에도 산뜻한 가드펜스를 시설한 것입니다. 초등학교를 끼고 있는 도로인지라 어린이들의 안전한 통학을 보장하기 위한 것이었다고 생각됩니다.

보 차도가 확실하게 구획되자 학생들은 전보다도 안전하게 통학할 수 있었고 학교 선생님들도 하교시간이면 정문 앞까지 나와 제가 서 있는 경계 안으로 다니도록 지도하는 등 저의 효용은 상당하게 발휘되는 듯했습니다.

그런데 제가 시설된 지 1년쯤 지났을까, 저의 몸에 이상이 생기기 시작했습니다. 철모르는 어린이들이 등·하교 길에 저를 발길로 툭툭 건드리자 제 몸을 지탱하던 창살의 접속부분이 떨어지고 다시 발길로 차자 창살이 빠져나가는 일이 생긴 것입니다.

이렇게 하여 빠져나간 저(가드펜스)의 창살은 날이 갈수록 늘어났습니다. 특히 학교 정문 앞 구역이 심했습니다. 저의 구조물은 기둥과 기둥 사이에 10개의 창살로 짜여져 있었는데 학교 정문 앞에 있는 경간은 2개만 남은 곳이 4경간이 될 정도이고 나머지 경간에도 1개에서 6개가 빠져나간 곳이 여러 군데로 늘어난 것입니다. 그 모양새는 마치 앞니가 몽땅 빠져나간 것 같았습니다.

그러던 어느 날이었습니다. 학교 앞에서 좀 떨어진 곳에서 붕어빵을 구워 팔고 있는 한 어머니가 저의 창살을 뽑아 가는 어린이를 보고 나무랐습니다만 그때뿐이었습니다. 그 이후에도 그런 일은 줄어들지 않고 늘어만 갔습니다. 그 후 어느 날 한 점잖게 생긴 할아버지가 지나다가 저의 창살을 뽑아 가지고 노는 한 소년을 발견하게 되었습니다. 그 할아버지는 그 어린이를 나무라고 창살을 빼앗아서 뽑힌 곳에 복구하려 했으나 무리한 힘을 가해 뽑힌 것이므로 고정되지 않아 그냥 아랫부분만 걸치고 가는 것이었습니다.

그리고 나서 며칠이 지나서였습니다. 며칠 전에 저의 창살을 뽑아 가지고 놀던 소년을 나무라던 할아버지가 나타나더니 제일 아랫부분에서부터 한 경간 한 경간 번호를 매겨가며 창살이 빠져나간 개수를 조사 기록하는 것이었습니다. 조사한 결과는 모두 71경간인데 맨 윗부분의 경간만 8개의 창살로 되어있어 창살의 개수는 708개여야 하는데 99개가 빠져나간 것으로 집계되었습니다.

조사를 하고 돌아간 할아버지는 동사무소와 구청에 전화를 걸어 그 사실을 알고 있는지 확인하는 것 같았습니다. 구청에서는 담당 직원이 외출 중이라 확인할 수 없었지만 모르고 있었던 것 같았습니다. 그것은 훼손된 것이 있을 때에는 단가계약에 따라 보수하도록 제도화 되어있다는 답변에서 알 수 있었습니다.

그리고 나서입니다. 할아버지는 제가 통학로로 되어있는 학교의 교감선생님에게 전화를 걸어 저의 몰골이 어떻게 되어있는지 물어보았고, 교감선생님도 알고는 있었으나 그토록 많이 뽑혀 나갔는지는 모르고 있었다고 답했습니다. 그 할아버지는 말했습니다. "가드펜스를 왜 시설했는지 그걸 모르고, 철없는 어린이들이 훼손했을 때에는 이를 선생님들이 지도해야 하는 것 아니겠습니까."라고. 그리고 "공민으로써의 교육기회로 삼을 만 한 일이 아닙니까?"라고. 교감선생님도 옳은 말씀이라고 말한 후 훈화를 통해 또는 각

담임선생님을 통해 단단히 교육을 하겠다고 답변했습니다.

저도 가만히 생각해 보았습니다. 어찌하여 제가 이렇게 되었는지를. 생각해본 결과는 저를 책임지는 주인이 없기 때문이었습니다. 왜냐하면 만약 제가 공공시설이 아니고 어떤 개인주택의 가드펜스였다면 그렇게 많이 창살이 빠져나가도록 내버려두지는 않았을 것이기 때문입니다.

저를 시설하고 관리책임을 맡고 있는 구청이나 동사무소가 저의 주인일 수 있습니다만 적어도 거의 반년 이상 저를 눈여겨보지 않았으니 주인노릇을 다하지 못한 것이라 할 수 있습니다.

그리고 제가 이 자리에 있게 된 것이 초등학교가 입지하기 때문이라면 학교 선생님들도 관심을 가지고 관찰하고 대책을 강구했어야 했다는 것입니다. 왜냐하면 학생들의 안전한 통학을 보장하기 위한 것일 뿐만 아니라 이 학교 초등학생들에 의한 소행일 가능성이 있음을 눈치 챘어야 한다는 것입니다.

끝으로 이 지역의 주민들에 대한 것입니다. 이 지역에 사시는 주민들은 자신이 이 길을 통행하고 있을 뿐만 아니라 자신의 자녀들이 통행하고 있다면 마땅히 눈여겨보았어야 할 텐데 그렇지 못한 것입니다. 그뿐이겠습니까? 저를 시설한 돈이 주민들이 낸 세금으로 시설한 것이고, 제가 훼손되어 보수를 하는 경우 역시 이 지역의 주민들의 부담으로 돌아간다고 할 때 어떻게 무심할 수가 있겠습니까. 역시 개개인이 직접 손해를 보지 않기 때문일 것인데 그것은 미련한 일이 아닐 수 없다 할 것입니다. 사람마다 세금을 덜 내려고 하면서도 자기가 낸 세금이 어떻게 쓰이고 있는지에 대해서는 무관심하다면 어찌 현명한 시민이라 할 수 있겠습니까?

'지방자치를 민주주의의 학교'라는 말이 있습니다만 왜 '지방자치가 민주주의의 학교'가 되는 것일까요? 거기에는 자기가 항상 이용하고 있는 공공시설의 시설 및 유지관리비를 지방의 주민들이 자기비용을 부담하여 시설하고 유지하는 '시설공동체'가 형성될 수 있기 때문일 것입니다.

민주주의는 잘 못하면 비능률, 비효율이 되지만, 주민들이 주인노릇을 제대로 한다면 그야말로 능률적이고 효율적인 경영이 될 수도 있는 것이라고 생각할 때 국가나 지방자치단체는 민주시민교육에 힘써야 할 것이라는 생각이 듭니다. 왜냐하면 마음을 바꾸는 것은 만능의 열쇠가 되기 때문입니다.

(2002. 3)

경음기 없는 자동차

만약 모든 자동차에서 경음기를 모두 떼고 운행하게 한다면 어떻게 될까? 이러한 상상은 어쩌면 맹랑한 것이라고 치부해 버리는 사람도 있을 것이다. 그러나 무심코 시내를 다니다 경음기 소리에 깜짝 놀란 적이 있거나 한밤중 모두가 잠자리에 들어 잠을 청하고 있을 때 오토바이의 굉음으로 신경을 자극 받아 본 경험이 있는 사람이라면 저 놈의 경음기를 떼어버리면 어떨까 생각 해 본 사람이 적지 않을 것이다.

어디 그뿐이겠는가 보차도(步車道)가 구분되지 않은 골목길에서 무심코 길을 걸어가는데 뒤에서 빵빵대며 몇 차례씩 경음을 들으면 짜증에 더하여 화가 치미는 것을 꾹꾹 참은 적이 한 두 번이 아니었을 것이다.

그렇다고 막상 이 경음기를 자동차에서 떼어버리는 문제까지 생각해본 사람은 얼마나 될까? 그렇게 많지도 않을 것이다. 그저 '자동차라는 것이 속도의 요구를 받아들인 통행수단이니 어쩔 수 없는 일이겠지' 정도로 생각하는 게 고작일 것이다.

그런데 택시영업을 하는 사람이 경음기를 아예 떼고 운행하는 사람이 있다면 우리는 이를 어떻게 받아들여야 하는 것일까? 그 실화 한 토막을 소개하기로 한다.

이야기의 주인공은 청주에 사는 개인택시 운전자 박인식 씨이다. 벌써 8년 전의 일인데 그는 경음기 대신 조수석 앞과 뒷 유리에 '경음기 없는 밝은 사회, 선진화의 지름길'이란 큼지막한 스티커를 달고 다녔다. 그러면서 하는 말이다.

"경적을 안 울려도 운전하는데 아무런 지장이 없어요. 7년째 교통사고 한 번 난 적이 없습니다."라고….

박 씨가 자신이 운행하는 택시에서 경음기를 떼어낸 것은 지난 1990년부터란다. 운전자들의 난폭 운전과 교통사고를 줄이기 위하여 묘안을 찾다가 경음기 없이 택시를 운행해보기로 결심했다는 것이다.

그러나 막상 경음기를 떼어내려니 모험도 따라 떼어내기 전에 2년 정도 실습기간을 거쳤는데 막 끼어드는 차량과 도로를 무단 횡단하는 보행인들을 만날 때마다 경음기를 사용하지 않고 참으려니 식은땀이 흐르고, 수입도 눈에 띄게 줄었다고 했다. 길에 멍하니 서 있는 승객들을 보고 경음기를 울려 승차 여부 타진을 않으려니 '하루 1만원 가량 수입이 줄어드는 것 같았다'고 했다. 무엇보다도 주위 사람들의 비아냥이 참기 어려웠다고 했다. 동료 택시기사들은 '혼자서 경음기 사용을 안 한다고 누가 알아주느냐'는 식의 곱지 않은 시선을 보냈다는 것이다. 부인도 '무엇 하러 사서 고생하느냐'며 극구 반대해 말다툼도 여러 번 했다고 했다.

나는 여기서 생각해 본다. 당초 자동차를 발명할 때 경음기를 어떻게 생각하고 자동차에 부착하게 되었을까 하는 것이다. 아마 당초에는 요즘처럼 인구밀도가 조밀한 도시에서의 운행을 목적으로 설계하지는 않았을 것이고, 지역과 지역 간의 시간거리를 좁히기 위하여 속도위주의 발상으로 부착하게 되었을 거라는 것이다. 예를 들어 급한 커브를 돌아야 된다고 할 때 또는 고속도로처럼 탁 트인 길에서 앞지르기가 필요한 경우 경적을 울려도 별로 다른 사람에게 피해를 줄 우려가 없는 상황 말이다.

그런데 그런 필요에서 부착하게 된 경음기가 인구가 조밀한 도시지역에서 사용하게 됨에 따라 이를 사용하게 되는 경우 소음으로 다른 사람에게 깜짝 깜짝 놀라게 하여 피해를 주게 되었을 것이다.

상황이 이렇게 되자 시민생활에 지장을 주게 되고, 그러자 도시지역 안에서는 경적을 울리지 못하도록 규제하게 되었을 것이다. 그런데 자동차를 운행하는 운전자의 입장에서는 유리창을 닫고 운행할 뿐 아니라, 열고 운행을 하는 경우에도 앞 유리는 열리지 않아 앞의 사람들에게는 들리지 않으므로 입으로 말을 하는 대신 경적을 울려 의사표시를 하게 되었고, 그렇게 되자 운전을 하는 사람의 성격에 따라 그 행태도 다양하게 나타났을 것이다.

성격이 덜 급하고 자제력이 강한 사람은 앞의 운전자나 보행자가 자기의 진로를 방해하더라도 꾹 참고 사태가 해결되기를 기다리지만 성격이 급한 사람은 참지 못하고 경적을 울림에 따라 주위 사람들을 깜짝깜짝 놀라게 하는 실정이 아닐까 싶다. 물론 오토바이 폭주족의 경우 또는 일부 자동차 운전자의 경우 경적 울리는 것을 하나의 자기과시 내지 멋으로 알고 경음기도 특수한 소리를 내는 것으로 달고 마구 울려대는 것을 가끔 듣고는 있지만….

나는 이 시간 자동차의 경음기를 아예 떼어냈을 경우를 생각해 본다. 이 경우 앰뷸런스나 소방차량, 경찰차량 등은 예외로 함은 물론이다. 경음기가 없다면 어차피 운행 중 차에서 내려서 시비를 가리려는 사태는 그리 흔하지 않을 것이고, 성격이 차분한 사람은 잘 됐다고 쾌재를 부를 것이라 생각한다. 사실 나의 경우 시가지 내에서 경적을 울려 본 적이 별로 없기도 하다.

경음기를 흔하게 사용하는 사람의 경우 다소 불만을 토로하겠지만 시일이 감에 따라 적응할 것이고 그에 따라 우리의 생활환경은 조용하여 시민의 생활을 방해하는 예가 크게 줄어들 것이고, 교통사고도 줄어들 것이라 생각된다.

아무리 생활필수품이라 할지라도 그것이 시대상황에 맞지 않으면 개량하는 것이 문명사회의 생활양식이다. 이제 우리나라의 경우 도시지역인구가 70% 이상에 이르고 있다. 그런 판국에 자동차의 소음에 더하여 경음기까지 마구 울림에 따라 우리의 도시생활 환경은 너무 시끄럽고 짜증스럽다. 상황이 바뀌었으면 상황에 맞추어 기계장치도 바뀌어야 한다. 만약 우리나라에서 이를 솔선하여 실행에 옮길 경우 세계의 모범국이 되지 않을까?

(2003. 3)

망향의 설움을 같이 앓으며

나는 함동선 선생님과 같은 실향민이다. 같은 황해도 출신으로 고향에서는 약 40리 정도 떨어진 거리이다. 그렇다고 고향에서부터 알고 지낸 사이도 아니다. 이곳 남한에서도 함선생님과 내가 만난 지는 그리 오래지 않다. 다만 만나게 된 계기는 문학이라는 같은 길을 걷게 되면서부터이다.

내가 함동선 선생님을 만나게 된 것은 전혀 나의 의도에서였다. 전부터 함동선 선생님이 황해도 출신의 대표적인 문인이라는 것은 알고 있었지만 역시 나의 필요가 없었더라면 만나지 않았을 것이다.

그 계기는 내가 문인이 되어 첫 작품집을 내면서부터의 일이었다. 그러니까 꼭 10년 전, 작품집을 내려는데 누군가가 참석, 축사를 해줄 사람이 필요했다. 물론 내가 대학에서 정통으로 문학수업을 받았다면 은사님에게 부탁할 일이었다. 그러나 나는 그런 행운의 역정을 걸어온 바가 없으므로 마땅한 대상자가 없었다.

내가 수필을 쓰기 시작한 것은 1950년대 군에 있을 때부터였다. 군에서 발행하는 잡지이기는 했지만 가끔 투고를 하여 실리곤 했다. 그러다가 제대를 하고 서울시청에서 공직생활을 하면서 서울시에서 발행하는 신문이나 잡지 또는 내무부 지방행정공제회에서 발행하는 「地方行政」, 「도시문제」 등에도 기고를 하곤 했었다.

그러다가 1993년 6월 30일 정년으로 퇴직을 하고 4년째가 되는 1997년, 서울특별시 퇴직공무원단체인 '사단법인 서울특별시 시우회' 사무총장으로부터 전화가 걸려왔다. 시우회에서 잡지를 발행할 계획이라며 편집주간을 맡아달라는 청이었다. 이를 수락한 것이 잡지 「市友」를 창간하여 5호까지 4년 여, 주간을 맡아하게 되었고, 그 일을 하다 보니 서울시 퇴직공무원 중 한국문협 회원들과 교류하게 되어 정식 등단절차를 밟아 문인의 길을 걷게 되었다.

그러니 서라벌 예대와 중앙대학교 예술대학 문예창작과 교수를 지내신 함동선 선생님과 교류를 한다는 것은 비록 같은 황해도 실향민이라 하더라도 아마 만나게 되지 않았을 것이다.

아무튼 나는 함동선 선생님과의 초면에 나 스스로를 소개하고 나의 수필집 출판기념회에서 축사를 해주실 것을 간청, 쾌히 받아들여 주셨고, 이후 두 번에 걸쳐 내가 속한 강동문인회에 초청강사로 모신 바 있다.

함동선 선생님과 나는 실향민이라는 같은 설움을 안고 살아오고 있는 문인이다. 실향이라고는 하지만 이 지구상에 우리의 경우처럼 맹랑한 실향민도 없을 것이다. 63년 전, 8·15광복을 민족 자력으로 이루지 못한 것이 원인이었다. 일제는 물러났지만 미·소 양국이 남북으로 진주하면서 국토가 양분되고, 남과 북에 따로 정권이 출범하고, 6·25한국전쟁을 치렀다. 하지만 우주에까지 통신기술이 미치는 오늘에도 전화나 우편조차 통하지 않아 가족 간에 생사확인조차 불가능한 것이 현실이니 지구상에 이런 나라가 어디 있는가?

그러니 문학의 주제로 망향이 자주 쓰여짐도 자연스런 일이다. 내가 함동선 선생님의 시를 읽으며 가장 가슴 뭉클했던 시가 '눈 감으면 보이는 어머니'이다. 왜 눈을 뜨면 보이지를 않고 눈을 감아야 보이는가? 거리가 멀기도 하지만 차라리 눈을 감아야 어머니와 함께 살던 정경들이 떠오르기 때문이리라. 산문시로 된 이 시의 앞부분을 인용해 본다.

> 도랑물에 잠긴 달이 뒤돌아 볼 때마다 더 빨리 쫓아오는 것처럼, 얼결에 떠난 고향이 근 삼십년이 되었습니다. '잠깐일 게다. 이 살림 두고 어딜 가겠니, 네들이나 휑하니 다녀오너라.' 마구 내몰다시피 등을 떠미시며 하시던 말씀이 노을이 불그스름하게 물드는 창가에 초저녁 달빛으로 비칩니다.

사실 그랬다. 1·4후퇴 때, 어머니의 손을 놓고 집을 떠날 때 사연은 '작전상 후퇴'였다. 그래서 젊은 사람들만 며칠간 남쪽으로 넘어가 피해있으면 곧 다시 유엔군이 진격해 올라와 집으로 돌아올 수 있을 것이라는 확신을 하면서 떠나왔다. 그것이 영영 가족과 이별하게 된 원인이다.

실향민의 입장에서 보면 도대체 정치라는 것이 무엇인데 한 가족이면서 만나지도 못하고 생사확인도 못하게 하는지, 가족 간의 정처럼 소중한 것이 없다면 그것을 갈라놓는 정치란 참으로 비인간적인 폭거라 하지 않을 수 없다.

내가 몇 년 전, 강화도의 서북쪽, 예성강 하구가 건너다보이는 곳에 갔을 때의 일이다. 발아래에는 한강물이 예성강 물과 합쳐져서 서해로 유유히 흐르고 있었다. 앞은 툭 터져 있어 발뒤꿈치를 높이 올리면 내 고향땅이 보일 것 같은 부질없는 생각을 하고, 또 저 예성강 강물을 거슬러 올라가면 멀지 않은 고향에 이를 수 있을 것인데 내가 물고기가 아니므로 갈 수가 없구나 하는 생각을 해보았다.

지난 8월 30일이었다. 나는 내가 회장으로 있는 강동문인회의 금년도 문학기행지를 강화도로 정하고, 함동선 선생님을 현지에서의 특강 강사로 초빙했다. 그래서 어쩌면 함동선 선생님의 고향과 마주칠 지도 모른다는 생각을 하면서 강화도 본도에서의 가장 북쪽과 가깝다고 생각되는 제적봉 평화전망대도 기행지로 넣어 다시 한 번 망향의 시름을 되씹어보는 기회로 삼았다.

그리고 고려의 고종임금 때 구재(九齋)의 학생들을 모아 학업에 정진케 했다는 '연미정'에서 특강을 하시게 했다. 경관이 꽤나 수려한 한강 가, 강 건너는 경기도 개풍군, 북한 땅이다.

함동선 선생님의 연세가 올해 80세, 내 나이 77세이니 살아생

전에 고향에 가볼 희망은 나날이 가물가물해지고 있다. 지난 5월 5일은 한강의 잠언지구 시민공원에서 '황해도민의 날' 행사가 있었다. 전철을 타고 압구정역에서 내려 행사장으로 가는 통로에는 허리가 구부정하고, 머리가 허연 노인들이 길을 메우며 행사장으로 향하고 있었다. 그 일행 가운데에서 들리는 말이었다.

"이제 고향가기는 글렀죠!"

아무도 대답이 없었다. 대답할 만한 전망이 없기 때문이리라. 행사장에 가니 쓸쓸함은 더 했다. 작년에 보이던 얼굴들이 많이 보이지 않았다. 이미 저세상으로 가버렸기 때문이리라. 그런대로 나온 사람들은 대부분이 노인들, 월남 1세대들이다. 이들의 수명은 오래 남아있지 않다. 이들이 다 가고 나면 고향과는 어찌 되나. 이어질 희망이 없어지겠지. 그 비정한 정치라는 폭거가 가져다준 결과이다.

(2016. 5)

자치의 자격

십여 일쯤 전, 내가 늘 외출하거나 귀가할 때면 지나는 길에서였다. 초등학교 앞 담장을 따라 난 통학로의 중간지점에 있는 정문을 지나 약 50m쯤 지났을까, 보차도 경계선을 따라 설치된 무지개형의 스테인리스 파이프로 된 가드펜스의 한 경간의 3단 난간 중 맨 위 난간이 없어져 마치 이가 빠진 것처럼 황당했다. 살펴보니 다른 곳은 멀쩡한 것으로 보아 자동차사고라든가 어떤 무리한 압력이 가해져서 파손된 흔적이 없는 것으로 보아 누군가가 일부러 뽑아간 것으로 보였다.

그런지 1주일이 지나도 그 난간은 보수되지 않았다. 구청당국이 모르기 때문일 것이었다. 늘 그 길을 따라 나가고 들어오다 보니 하루에 두 번씩은 보게 되어 그때마다 집에 돌아오면 구청에 신고하리라 했지만 집에 들어오고 나면 까맣게 잊어버려 되풀이해서 미뤄지기만 했다.

그러던 어느 날, 외출을 위해 나가는 길에 또 보게 되었다. 더는 안 되겠다 싶어 휴대전화로 114를 불러 구청 도로과 전화번호를 물어 신고를 했다. 그리고 며칠 후였다. 지난번에 없어진 난간 바로 밑의 난간에 끼워져 있는 링(?)이 몇 ㎝쯤 물러나 있었다. 아무래도 먼저 빼어간 사람이 다시 빼려고 시도한 흔적이 아닐까 의심되었다.

이 통학로에서의 이와 유사한 사건은 이번이 처음은 아니었다. 지금의 가드펜스는 벌써 7・8년 전에 설치했던 가드펜스를 철거하고 작년에 더 튼튼하고 외관이 좋은 재료인 스테인리스 제품으로 개축한 것인데, 그 전에도 그 난간을 빼어가는 사건이 여러 번 발생했었다. 그때도 두 번인가 신고를 해서 보수하곤 했었다. 그때 학교 앞에서 풀빵장사를 하는 아주머니에게서 들은 이야기이지만 아이들이 발로 툭툭 차면 이음새가 물러나는 것을 보았다 했다.

여기서 생각을 발전시켜 본다. 얼마 전에는 도로변에 설치된 맨홀뚜껑이 도난당해 흉물스럽게 시커먼 구멍이 생겨 밤길에 발이 빠지면 어쩌나 했던 기억이 난다. 실제로 발이 빠지거나 넘어져 부상을 당하여 관리청인 서울시를 상대로 손해배상청구를 하면 꼼짝없이 배상을 하지 않을 수 없는 것이 법률관계이다.

문제는 공공시설물을 훼손하는 사람도 문제이지만 그 쇠붙이 장물을 못이기는 체하고 받아들이는 상인, 이를 보고도 못 본 척 지나쳐 버리는 시민도 문제인 것이다. 왜냐하면 공공시설물은 모두가 시민의 세금으로 만든 것으로 그것이 훼손되면 그만큼 세금이

낭비되고 꼭 써야 되는 곳에 쓰지 못하는 데도 무관심하다는 것이다. 아니 공공시설물은 나와는 아무런 관계도 없는 것이라고 무관심하다는 것이다.

한 가지 예화 하나를 소개하기로 한다. 서울시에서 하수도분야에 장기근무한 한 고위직을 지낸 분으로 그분은 길에 나서면 맨홀만을 보는 습관이 들어있었다. 하기는 나 자신이 그 분야에서 5년을 근무해서일까 길에 나서면 공공시설의 결함상태를 발견해서 관리부서에 신고한 적이 여러 차례 있었다.

아내에게 초등학교 앞 가드펜스가 훼손된 것을 못 보았느냐고 했더니 못 보았다 한다. 하기는 뜻을 두고 보지 않으면 보아도 보이지 않는 법이니까.

자치란 말의 뜻은 '스스로 다스린다.'이다. 어차피 많은 사람이 하나의 사회에서 살아가노라면 통치는 불가피한 일이고, 누군가가 그 통치를 맡아서 하지 않을 수 없으며, 그 통치를 주민들의 의사에 따라 선임된 공직자에게 맡기는 것은 불가피한 일이다. 이때 거기에 필요한 경비를 부담하는 것이 세금이고, 일정한 규범을 만들어 지키기로 약속하는 것이 법률이고 조례이고 규칙이다. 그래서 민주주의 국가의 법률을 일러 헌법학자들은 말하기를 '다스리는 자와 다스림을 받는 자가 같은 사람'이라고까지 말한다. 즉 나의 의사에 따라 선임된 사람들에 의해 만든 법령이나 조례는 내가 만든 것이나 만찬가지라는 것이다.

우리의 주변에는 안전과 관련되는 시설은 물론, 환경과 관련되는 사항, 상수도관의 누수사고, 산불의 발생, 교통사고 등이 발생한다. 따라서 신고체제가 신속하게 확립되어있는 경우 훨씬 안전하고, 명랑한 공동체가 될 수 있음에도 불구하고 무심한 예가 얼마나 많은가? 이때 옛날과 같이 전제군주가 다스리는 경우 국민의 의사가 반영되기 어려웠다 할 수 있지만 지금은 민주주의 사회이므로 국민이 나라의 주체인 것이니 그래서 민이 주도하는 민주주의시대인 것이다.

나 스스로 공직에서 30여 년을 근무해봤지만 공무원의 눈이 구석구석에까지 못 미치는 것이 사실이다. 이때 시민 천 명 중 한 사람만이라도 깨어있어 공공시설의 유지에 하자가 발생 시 관리부서에 신고해 줄 수 있다면 얼마나 안전하고 효율적인 관리가 될 것인가 생각해 본다.

문제는 자치가 말뿐 의식화가 안 되어있기 때문이다. 주민들이 낸 세금으로 설치하고 관리하는 공공시설이라면 나의 시설이나 마찬가지라고 생각하는 것은 아직도 요원한 일인가? 일본에 갔을 때 '도로는 전 국민의 재산'이라는 표어가 도로상에 흰 페인트로 써져 있는 광경이 떠오른다. (2016. 5)

나와 사진

사진은 나의 취미 중의 하나이다. 내가 사진을 취미로 하게 된 것은 1963년 3월 11일, 서울특별시 영등포구청 총무과 공보계에서 근무하게 되면서부터였다. 당시에는 구청의 경우 사진업무를 별정직 공무원이 담당하지 않고, 일반직 공무원이 겸임하고 있었기 때문이었다.

행사사진을 필요로 하므로 구에서 개최하는 각종 행사와 구청장이 관내순시를 할 때 수행하면서 사진을 찍어 이를 게시판에 게시하고, 또 구청에서 발행하는 홍보책자의 사진으로 활용하는 것이 고작이었다.

그러다가 내가 작품으로서의 사진, 예술로서의 사진에 관심을 갖게 된 것은 1988년경 강서구청에서 시민국장으로 근무할 때였다. 공무원들도 취미생활이 장려되는 시기이기도 했다. 산하 직원 중에 사진취미가 있는 직원이 몇 명 있어 가끔 찍은 사진을 돌려

보기도 하면서 예술사진에 대한 관심을 갖게 되었다.

그러다가 1989년 11월 17일 근무지가 시 본청 하수행정과장으로 바뀌면서였다. 당시 관광과에 근무하던 이우탁이라는 직원과 숙직을 같이 하면서 사진이 화제에 올라 예술사진에 대해 적극적으로 관심이 높아지는 계기가 되었다.

그 후 2년 만인가, 그가 동대문구청으로 전근하고, 나 또한 동대문구 초대의회의 사무국장으로 전근하면서 나의 사진취미는 본격화되었다. 주말이면 사진소재를 찾아 전국을 누비고, 촬영한 사진을 인화하여 합평회의에 출품, 품평을 받았다. 품평을 하는 사람은 당시 중앙대학교 사진학과의 안준천 교수였다. 이우탁 주사는 이미 상당한 실력자로서 스스로 사진클럽을 주도적으로 결성하여 이름을 '서울사진클럽'이라 했다. 나도 그 클럽회원으로 참가하게 되었고, 안 교수는 현장에서의 지도는 물론, 인화하여 품평회 때면, 제출된 사진을 일일이 보면서 구도를 이렇게 하면 더 좋았겠다면서 선을 사진 위에 그어주기도 했다. 그래서 당시 사진계에서는 안 교수를 '구도 박사'라고 별칭을 부르기도 했다.

사실 나중에 알게 된 일이기도 하지만 사진 내지 그림의 경우 구도는 중요해서 그 교재가 되고 있는 「시각언어(視覺言語)」라는 책을 보면, '황금의 3분할'이니 '대각선구도(對角線構圖)'라느니 등이 있어, 미의 법칙처럼 여기기도 했다. 즉 글을 쓰려면 문법이 있듯이 사진이나 그림도 그 법칙이 있다고 보는 것이다.

작품으로서의 사진 활동을 하면서 참 많이도 쏘다녔다. 소재가 될 만한 곳이면 승용차를 타고 가거나 또는 기차로 무박여행을 하면서 전국을 누볐다. 사진을 찍어 그중 작품성이 인정되는 것은 공모전에 출품하여 차곡차곡 점수를 축척하곤 했다. 그러기를 여러 해 장차 사단법인 한국사진작가협회의 정회원자격을 얻기 위한 점수를 거의 채운 단계에서, 작품심사가 정실에 흐른다는 소문을 듣고 입회하기를 포기했었다.

이후에도 사진촬영은 계속하다가 내가 공무원으로서의 정년이 되는 1993년 6월 30일이 되어 여가시간이 많아지는 처지에서 당시 강동구 사진작가협회장을 만나게 되어 이런저런 이야기를 하다가, "그만두더라도 일단 정회원자격은 얻고 그만두라"고 권고해, 기왕에 찍어놓은 작품 중 입상이 될 만한 작품을 고르고, 한두 점 모자라는 것을 보충해서 제출하였더니 입상이 되어 2001년 12월 19일 드디어 사단법인 한국사진작가협회 정회원자격을 얻게 되었다.

끝으로 나에게 사진취미가 있어 보람 있는 일을 하게 된 이야기를 하기로 한다.

먼저 내가 영등포구청 총무과 공보계에 있을 때였다. 1965년 2월, 시 본청에서 각 구의 행정실적심사를 나왔을 때였다. 나는 흑석 3동의 사무관리실태가 모범적임을 하나하나 사진으로 찍고 그 사례를 행정연구서로 작성하여 보고를 했는가 하면, 큰 게시판에 붙여 구 청사 내 복도에 게시한 적이 있었는데 그것이 심사관들의 눈에 띄어 시 본청으로 발탁되게 된 것이었다. 나중에 알게 된 일이지만 당시 시 기획행정과에서는 행정실적심사를 통하여 직원을 하나 발탁할 복안을 가지고 있었던 것이었다. 결국 그것이 아무도 나를 도와줄 사람 없는 38따라지 신세인 내가 시 본청 유망한 과로 발탁되게 되었는가 하면, 이후 일을 통하여 나의 존재를 인정받게 되어, 마침내 서기관까지 승진하는 행운을 얻은 계기였다.

그리고 지난 2013년 6월 17일, 내 아내를 병으로 약 6개월 입원했다가 마침내 저세상으로 보내고 나서였다. 아내는 평소 동창을 비롯하여 이웃들과 교류가 많았다. 입원소식을 듣게 되자 친구들이 병원에 문병을 여러 번 오는가 하면, 사망 소식을 듣자 영안실에도 들르곤 했다.

아내를 저세상으로 보내고 나서였다. 아내와 나는 평소 지론처럼 남에게 빚지고 가지 말아야 한다는 의견이 일치해 있었다. 그런데 아내가 먼저 저세상으로 가게 됨에 따라 친구들에게 빚을 지고 갔구나 하는 생각을 하게 되었다. 문제는 아내의 친구들은 여자들이므로 나와의 연락은 끊어질 것이니 아내의 역할을 대신할 수도 없게 된다는 생각을 하게 되었다. 그러다가 생각이 미친 것이 내가 찍은 사진 중에 거실에 걸어놓을 만한 사진을 한 장씩 선물하자는 생각이 미치게 되었다.

그 사진은 연꽃사진으로 꽃의 이름은 '빅토리아'이다. 자생지는 적도지대로 알려졌는데, 오래 피어있지 않아 운이 좋아야 찍을 수 있는 것으로 알려져 있다. 촬영지는 양수리 세미원이다.

그래서 그 사진의 필름을 충무로 거산(巨山)이라는 사진확대업체에 가지고 가서 30장을 확대해줄 것을 의뢰, 약속한 날에 가서 소정 가액 한 장에 15,000원씩 45만원을 내놓았더니 주인의 말이었다. "무엇 때문에 같은 사진을 이렇게 많이 인화해 가시는 것입니까?"라고. 그래서 사정을 다 이야기 했더니 받은 돈 45만원에서 5만원을 빼어 도로 건네는 것이었다. "참 좋은 일 하시네요!"라면서….

전혀 예상하지 않았던 일이었다. 그래서 나는 아내가 교류했던 단체마다 만나는 날 참석해서 인원수에 맞게 사진을 교부하거나, 단체장을 만나 필요한 양만큼 사진을 교부하여 아내가 빚지고 가는 아쉬움을 다소나마 대행할 수가 있었다. 한 세상을 살고 가면서 남에게 빚지고 가서는 안 된다는 것이, 평소 아내의 신조이기도 했으니….

(2013. 11)

흥덕사지(興德寺址)가 주는 교훈

내가 흥덕사지를 다녀오게 된 것은 지난 8월 중순이었다. 내가 편집주간으로 있는 잡지 『市友』의 '명소순례'에서 금년에는 충청북도편을 다루기로 되어서였다.

여행을 떠나기에 앞서 충청북도 문화관광과에 들러 가볼만한 곳의 안내자료를 받았는데 '흥덕사지'가 그중에 들어있기도 하였지만 그곳이 우리나라가 세계최초로 금속활자를 사용한 유적지라는 사실에 지레 마음이 설레이기도 했던 것이다.

그러나 여기서 분명히 말하지만 내가 그곳에 가게 된 것은 '청주고인쇄박물관(清州古印刷博物館)'을 견학하려고 갔던 것이지 흥덕사지를 보러간 것이 아니라는 것이다. 흥덕사지와 청주고인쇄박물관은 바로 붙어있어 청주고인쇄박물관을 보러갔다가 덤으로 흥덕사지를 보고 온 셈이라고나 할까. 그도 그럴 것이 지도에나 관광자료에도 청주고인쇄박물관이 주고 흥덕사지는 종격으로 표현되어 있기도 하고. 그래서 흥미위주로 관광을 하는 경우 흥덕사지는 가보지도 않고 떠나버리는 사람도 많을 것이라는 생각도 해 보았다. 하기는 자식이 잘나야 아비도 알려지게 마련이기도 하지만….

아무튼 나는 국내외 여행을 하면서 이곳에 들러서 민족이라는 것이 무엇인지, 문화라는 것이 무엇인지, 이를 계승 발전시켜야 할 후손들의 책임이 어떤 것인 지를 통감하는 기회가 되었음을 솔직히 밝혀 둔다.

이곳이 '흥덕사지'라는 사실이 알려지게 된 것은 1985년 청주대학교 박물관에서 이곳을 발굴하는 과정에서 '서원부 흥덕사(西原府 興德寺)'라고 새겨진 쇠북과 '황통10년흥덕사(皇統十年興德寺)'라고 새겨진 큰 그릇 뚜껑을 땅속에서 찾아내어 이곳이 『백운화상초록불조직지심체요절(白雲和尙抄錄佛祖直指心體要節)』의 권하(卷下) 말미에 쓰여 있는 청주목(淸州牧)의 흥덕사 절터임이 확인되었고, 인쇄 시기는 선광7년정사칠월(宣光七年丁巳七月), 인쇄장소는 청주목 흥덕사, 인쇄 방법은 주자인쇄(鑄字印刷)라고 기록되어 있기 때문이다.

이 사실이 밝혀지자 1986년 5월 7일에는 '청주 흥덕사지 사적지' 지정(사적제315호), 1990년 7월에는 '충청북도 흥덕사 관리사무소' 설치, 1992년 3월 17일에는 '청주고인쇄박물관' 개관, 2001년 9월 4일에는 위의 『백운화상초록불조직지심체요절』을 '유네스코 세계기록유산'으로 등재하는 절차를 밟게 되었다.

여기서 위에 든 책이 세계에서 가장 오래된 금속활자라는 사실이 알려지게 된 경과를 알아본다.

이전까지 인류 역사상 가장 오래 된 금속활자로 인쇄된 책은 구텐베르크(Johann Gutenberg)가 금속활자를 발명해서 『42행성서』를 인쇄했다는 1455년이었다. 그런데 『백운화상초록불조직지심체요절』은 1377년에 인쇄했음이 그 책의 말미에 기록되어 있음으로 78년이 앞서는 시기라는 것이다. 다만 1239년(고려 고종20)에 중서령이었던 최이가 쓴 『남명천화상송증도가(南明泉和尙頌證道歌)』의 발문에 기존에 인쇄된 금속활자본을 바탕으로 목판인쇄했다는 기록에 의하면 구텐베르크의 1455년보다 216년이나 앞선 셈이라 할 수 있다.

알려진 바에 의하면 이 책의 원본은 조선조 말기 서울에서 근무했던 프랑스 대리공사 꼴랭드 뿔랑시(Collin de Plancy)가 귀국할 때 가지고 가 프랑스 파리 국립도서관에 소장되어 있었던 것을 프랑스에 가 있는 서지학자 박병선(朴炳善) 박사가 발견하여 세상에 빛을 보게 되었다는 것이다.

2003년 11월 22일자 조선일보에 의하면 박 박사는 서울 출생으로 서울에서 태어나 서울대 사범대를 나와 1955년 프랑스로 유학을 가 파리 소르본느대학에서 종교학으로 석·박사학위를 받고, 파리 국립도서관에서 특별 보조원으로 근무하던 1972년이었다.

유네스코 후원으로 열린 세계 고서(古書)전시회에 내놓을 한국

책이 마땅히 없어 서고를 뒤지다가 한 구석에서 먼지 묻은 작은 책 한 권을 찾아냈는데 표지에 '直指'라고 써진 그 책이 바로 『백운화상초록불조직지심체요절』이었던 것이다.

그때까지 도서관 직원들은 중국 책인 줄로 알고 있었단다. 그런데 고증결과 1377년에 고려 말기 청주목의 흥덕사에서 금속활자로 찍어낸 세계 유일본임이 입증되었으며, 2001년 '유네스코 세계기록유산'으로 등재되기에 이르렀다는 것이다.

나는 그 사실을 둘러보면서 울었고, 부끄러웠고 또 아쉽기도 했다. 우리 조상이 세계 여러 민족 중에서 금속활자를 가장 먼저 만들어 사용한 민족이라는 사실이 내 가슴을 뭉클하게 했고, 그 자랑스런 유산을 스스로 지키지 못하여 아직도 프랑스 국립도서관에서 되찾아오지 못한 후예라는 사실이 부끄러웠으며, '직지'의 뜻을 알아차렸던들 하는 아쉬움에서이다.

고인쇄박물관은 잘 정돈되어 있었다. 특히 금속활자의 제조와 인쇄 작업과정을 스님복장을 한 인형들이 관람객이 도착하면 자동으로 동작을 하면서 동시에 설명이 나오는 장치가 되어있어 매우 인상적이었다. 세계 여러 나라의 인쇄의 역사도 곁들여 관람할 수 있어 더욱 좋았다.

다만 한 가지, 그 자랑스런 민족유산을 남긴 주인공들을 기리는 어떠한 것도 없다는 것이다. 바로 인접해 있는 흥덕사지에 가 보았다. 널따란 공간에는 '흥덕사지'임을 밝히는 건물과 표석만 있을 뿐 절도 스님도 없었다. 600여 년 전의 일이니 없다는 것은 당연한 일이라고도 할 수 있다.

나는 발길을 돌리면서 생각해 보았다. 그곳에서 찍어낸 책과는 어떤 의미가 있는 것인지를…. 이름하여 '直指(직지)'란 무엇인가? 사물의 실체를 바로 보라는 것 아닌가, 달을 가리키는 손가락을 보지 말고 달을 보라는…. 만약 달을 바로 보았던들 외적의 침략으로 민생이 도탄에 빠지고, 나라를 잃고 외국의 식민지가 되는 수모는 당하지 않았을 지도 모르는 일 아닐까?

그러면서 떠오른 생각이다. 요즈음 참선 명상이 시대의 흐름처럼 인기를 끌고 있다. 어쩌면 이는 패러다임의 전환을 예고하는 전조일 수도 있다. 지구촌시대, 문명과 문명, 종교와 종교 간의 충돌을 피할 수 있는 초월의 사고를 잉태한 것이 참선 명상이기 때문이다.

그렇다면 『직지』를 펴낸 유서 깊은 흥덕사지에 참선도량을 지어 백운화상의 맥을 이어, '직지'를 가리키는 참선수행을 지도하는 명소로 발전시키는 것을 시도해 볼만 한 일 아닐까?

(2003. 12)

신기독(愼其獨)

나와 한시(漢詩) 동우 중에 늘 목걸이로 '愼其獨'을 달고 다니는 친구가 있다. 내가 그 친구를 만난 지도 1년 여, 늘 단정하고 온화하며, 무언가 선비다운 멋이 풍기는 그는 외출할 때마다 조그마하고 동그스름한 타원형의 목제 공간 속에 한자(漢字) 세 글자가 들어있는 목걸이를 달고 다닌다. 하지만 거기에 새겨진 글자가 무슨 자인지 확인한 것은 최근에 이르러서였다. 그 까닭은 어쩌면 프라이버시일 수(?)도 있어 조심스럽기도 했지만 맨 아래 글자는 사면이라 드러나지 않아 잘 보이지 않았기 때문이기도 했다.

그러다가 정작 맨 아래 글자를 확실히 보게 된 것은 최근에 이르러서였다. 그 의미를 새기면 "그 혼자일 때도 삼가라"라고나 할까, 아무튼 몸가짐을 경계하라는 잠언임에는 틀림이 없다.

그런지 며칠 후, 남산골 한옥촌(韓屋村)에서 한시 동호인들이 모여 『성독(聲讀)거리』를 소리 내어 읽어가는 도중 『愼其獨』에 관한 글귀가 나오는 것이었다. 제목은 『군자신기독(君子愼其獨)』, 즉 군자는 신기독해야 한다는 것이었고, 출전은 『중용(中庸)』이었다. 그 내용을 보기로 한다.

> 도(道)란 것은 잠시도 떠날 수 없는 것이니 떠날 수 있으면 도가 아니다. 그러므로 군자(君子)는 그 보지 않는 바에도 행동을 삼가하며, 그 듣지 않는 바에도 두려워하는 것이니라. 나타나지 않고 숨으며, 나타나되 숨는 것이니 고로 군자는 홀로 있으되 삼가느니라.(道也者는 不可須臾離也니 可離면 非道也라. 是故로 君子는 戒愼乎其所不睹하며, 恐懼乎其所不聞이니라. 莫見(현)乎隱하며, 其顯乎微니 故로 君子는 愼其獨也니라.)

요즘 인터넷이 크게 보급되어 청소년들이 포르노물에 쉽게 접해지면서 초등학생들의 집단 성폭행사건이 일어나 사회에 큰 충격을 안겨주고 있다. 신문에 보도된 바에 의하면 대구의 한 초등학교에서 '포르노 따라 하기'가 유행처럼 번져 결국 집단 성폭력 사태로 이어졌다는 것이다.

구체적인 내용을 보면 이 학교 3학년 A(9)양 등 8명의 여학생을 이 학교 6학년 김모(12)군과 졸업생 이모(13·중1)군 등 남학생 10여 명이 집단 성폭행했다는 것이다.

기사에서는 또 인터넷 동영상에서의 음란물의 범람실태를 보면 초·중·고등학생이 직접 제작한 것이 수두룩할 뿐 아니라 한 음란사이트에는 초등학생으로 보이는 여학생 3명이 방안에서 알몸으로 함께 춤을 추거나, 교복을 입은 여학생이 자위행위를 하는 동영상이 수십 개 올라 있다고 조사결과를 밝히고 있다.

아울러 또 다른 관련기사에 의하면 1999년 이래 연도별 10대 성폭력 가해자수가 통계로 표시되고 있는데 1999년에 567명에서 2007년에는 2,136명으로 급격히 늘어난 것으로 보도되고 있다.

그러면 이에 대한 어떤 효과적인 대안이 있는가 하면 그렇지도 못한 것 같다.제도적으로는 청소년들이 음란물에 접근하지 못하도록 하고 있다고 하나 실효성은 없는 것으로 보도되고 있다.

미성년자들에게 음란물에 접근하지 못하게 하기 위해 주민등록번호를 입력하도록 하고 있으나 가족 중 어른들의 주민등록번호를 도용할 수 있고, 각 가정에서 부모들이 단속한다고 하나 이를 피해 PC방을 활용하고, PC방에서의 유해사이트 차단 프로그램도 제대로 관리되지 않을 뿐 아니라 그 차단프로그램을 깔면 인터넷 접속속도가 느려져 기피한다고 보도하고 있다.

결국 실효성 있는 대안은 없는 것인가, 전문가의 칼럼을 읽어보아도 별수가 없는 것 같다.그 이유는 아무리 미성년자들에게 차단장치를 하고 단속한다 해도 성공할 수 없는 일이니 어른들은 보기를 즐기면서 어린이들에게는 보지 못하도록 한 '눈 감고 아웅 하는 식'의 대처방법 때문은 아닐까? 성에 대한 관심이 왕성한 미성년자들에게 어른 세대에서는 보면서 저들에게는 보지 말라는 이율배반적인 처사로는 백년이 걸려도 해결될 수 없을 것이다.

이런 주장은 이미 여기까지 온 문명의 흐름에 비추어 현실성이 없는 일이라고 할지 모른다. 그리고 그 문명의 흐름은 자유주의와 자본주의문화가 그 바탕에 깔려 있기 때문이리라. 왜냐 하면 타율적인 규제도 싫고, 자율적인 자제도 싫어하는 인간에게 돈만 된다면 무엇이든지 상관없다는 천민자본주의가 뒷받침을 하고 있음이니….

사람은 도덕적으로 불완전한 존재다. 그러므로 교육이 필요한 것이다. 이러한 주제와 관련, 한 역사학자에게 물어보았다. 역사적으로 하나의 국가나 문명이 몰락한 요인 중 대표적인 것은 어떤 것인가를…. 답변은 다음과 같았다. '성도덕의 문란'과 '심한 빈부격차'라고. 도덕적인 타락과 소유의 불평등으로 불안요인을 안고 있으니 그럴 수밖에 없을 것이다.

여기서 동양철학에서의 군자적(君子的) 행태라 할 수 있는 '愼其獨' 즉 '혼자 있을 때에도 삼간다.'는 것을 다시 한 번 생각해 본다. 우리는 여러 사람들 있는 곳에서는 부끄러운 일을 하지 않으나 홀로 있을 때에는 거리낌 없는 행동을 할 때가 가끔 있다. 어린이들은 그렇게 어리석지 않다. 어른 세대라서 좋아하는 것을 어린이들에게는 하지 말라는 식의 접근법이 성공하리라는 기대는 자가당착이다. '愼其獨'까지는 못한다 해도 어린이들에게 보이지 않도록 그런 음란물 자체를 제작하지 못하도록 하지 않는 한 어떤 대책도 성공하지 못할 것이라는 것은 너무나도 당연한 일이 아닐까?

(2008. 5)

폐자동차 타이어에 묶인 가로수의 사연

나는 동부 수도권을 관통하는 간선도로변에 있는 한 수양버들입니다. 지역적으로 보아 서울의 동부인 청량리역에서 출발, 중랑천을 건너고, 망우리 고개를 넘어 구리를 거쳐, 남양주에서 한강을 따라 양수리 방향으로 올라가다가 팔당대교에서 하남시 방향과 갈라지는 지점이 제가 살고 있는 곳입니다. 그래서 하남시 방면에서 양수리로 가시는 버스손님은 제가 있는 곳의 정류장에서 일단 하차했다가 청량리에서 출발한 양수리행 버스로 갈아타는 곳입니다.

따라서 버스를 바꿔 타기 위해서는 일단 하차하여 제가 있는 정류장으로 건너와 상당한 시간을 기다리지 않으면 안 되는 곳입니다. 바로 그 정류장에 심겨진 가로수인 저는 30여 년 전에 묘목으로 심어졌을 때 경사지는 아니지만 보호차원에서 자동차 폐타이어로 저의 둘레를 에워싸 주셨습니다.

그 후 30여 년, 지리적으로나 토질 등이 좋아 저는 무럭무럭

자라 장년기를 맞이하게 되었습니다. 저의 밑동은 점점 굵어져 타이어 안이 꽉 차기에 이르러 만약 그 타이어를 제거하지 않으면 저의 성장에 장애가 되기에 이른 것입니다.

그리고 제가 있는 곳은 한강 이북 남양주 시민들은 별로 이용하지 않는 벽지입니다. 한강 남쪽에서 팔당대교를 건너와서 제가 있는 정류장에서 내리는 사람은 양수리 방면 가는 손님뿐이어서 사람들의 눈에 띄기가 매우 어려운 조건이기도 합니다.

저는 제가 묘목으로 심겨질 때 보호차원에서 저의 둘레를 에워싼 자동차 폐타이어를 둘러주었듯이 이제는 그것을 풀어주었으면 하는 바람을 갖게 되었습니다만 아무도 눈여겨보는 사람이 없어서인지, 그렇지 않으면 아예 시정을 해야 할 일이기는 하지만 자기가 나설 일이 아니라고 생각해서인지, 이를 풀어줄 계기는 아득하기만 해 안타까운 심정으로 나날을 보내야만 했습니다.

그러기를 여러 해, 하루는 정류장에서 버스를 기다리던 손님이 뒤돌아보더니 무언가 결심하는 눈치였습니다. 그 손님은 양수리 세미원에 이르러 제가 있는 소재지의 관할관청을 찾아 가로수 관리를 담당하는 부서에 전화를 거는 것 같았습니다. 저는 무언가 해결이 되겠구나 하고 기다렸으나 이렇다 할 반응이 없었습니다.

그 후 몇 달이 지나 그 손님은 드디어 문서로 남양주 시장에게 사연을 담아 조치되기를 바란다고 우편을 보냈더니 10여 일쯤 되었을까 회답우편이 왔는데 관할 면장에게 이첩처리 했다는 통지였고, 드디어 저의 하체를 조이던 타이어가 제거되기에 이르렀습니다.

밑동을 죄어오던 자동차 타이어가 풀려나가자 그 기분은 이루 말할 수 없을 만큼 통쾌했습니다. 지하에서 저의 뿌리를 통해 빨아올리는 지기(地氣) 즉 땅의 기운과 물은 아무런 제약 없이 자연스럽게 빨아올려져 저는 춤이라도 추고 싶은 기분이었습니다. 그리고 저의 성장장애요인을 제거해 준 그분에게 감사인사를 드리고 싶은 생각으로 나날을 보내기도 했습니다.

그 후 저에 대해 관심을 기울여주시던 손님은 들르지 않더니 해가 바뀌어 양수리 세미원(洗美苑)에 연꽃 철이 되자 그 손님이 나타났습니다. 저는 반가움에 달려가 인사라도 드리고 싶었으나 자리를 이동할 수 없는 식물이라는 조건이 너무나 안타까웠습니다.

그 손님이 길 건너편에서 버스에서 내려 길을 건너오더니 먼저 저에게로 눈을 돌리는 것이었습니다. 저의 밑동에 둘러져 있던 자동차 타이어는 끊어 바로 곁에 버려져 있어 저의 홀가분한 모습을 보더니 매우 흐뭇한 표정이었습니다.

상당한 시간을 기다려야 버스를 갈아탈 수 있는 곳이라 어차피 제가 있는 곳을 둘러보게 되는 것은 인지상정이련만 손님 중에 저의 형편을 본 사람이 많고도 많았으련만 모두 본체만체 했었는데 저에 대하여 관심을 기울여주신 분은 몇 백 아니 몇 천분의 1에 해당하는 분일까요.

이제 저는 아무런 장애가 없는 나무가 되었습니다. 땅에서 빨아올리는 수분과 영양분이 아무런 제약 없이 끌어올려져 타고난 성분대로 살아갈 수 있게 되었으니 얼마나 고마운 일인지 모르겠습니다. 제가 처했던 경우처럼 뜻하지 않게 어려움을 당하고 있는 일이 이 세상에는 얼마나 많을까요. 그런 일이 있을 때마다 나서서 문제를 해결해 줄 수만 있다면 이 세상은 한층 더 살기 좋은 곳이 될 터인데요. (2016. 8)

국경일에 국기게양, 이래도 되는 것일까?

지난 3·1절 날의 일이다. 나는 지난해부터 근래에 와서 국경일에 국기게양 관례가 크게 이완된 것에 대하여 관심을 가져왔다. 국가나 공공단체가 아니고는 국경일에 국기를 게양한 집이 100분의 1도 안 될 정도로 국기게양에 대한 관심이 희박해졌기 때문이다. 국기는 그 나라의 상징으로 한 나라를 단위로 하는 그 국민의 표상이라고도 할 수 있을 것인데 그러하다면 우리 국민들은 그만큼 나라사랑에 대한 의식이 이완되었기 때문은 아닐까? 국경일에 국기를 게양하는 것은 그날의 의미에 대해 다시 한 번 생각해 보고, 나라사랑에 대한 의식을 연면하게 이어가기 위한 것이라고 할 때 이래서는 안 되지 하는 생각을 하게 된 것이다.

그리고 지금으로부터 50여 년 전을 생각하면 정부에서 독려를 하기는 했지만 그때는 국경일이면 대부분의 건물에 국기를 게양했다는 것을 생각할 때 자율에 맡겼더니 이렇게 된 것이 아닌가하는 생각을 하지 않을 수 없다.

그리고 혹시나 다른 지역은 그렇지 않은데 서울지역만 그러하다면 서울의 경우 그동안 시 또는 구 차원에서 이렇다 할 노력을 기울이지 않았기 때문일지도 모르지만 이번에 이 글을 쓰기 위해 인터넷을 통해 자료조사를 해 본 결과 몇몇 2차 자치단체에서도 조례를 재정해 특단의 정성을 기울이고 있는 것을 볼 때 이 문제는 전국적인 상황도 크게 다르지 않을 것이라는 생각이다.

여기서 우리 역사에서 국기가 어떤 의미였는지를 보기로 한다. 태극기는 1882년 수신사 박영효 일행이 배 타고 일본 고베(神戶)에 도착하여 숙소 건물 위에 태극 사괘 도안이 그려진 기를 게양한 것이 태극기의 유래이고, 이듬 해 고종이 태극기를 국기로 정한 것이 시초이다.

다음은 3 · 1운동, 8 · 15광복, 한국전쟁, 4 · 19혁명 등 우리나라의 격변기에 국기를 가지고 거리에 뛰쳐나옴으로써 국민들의 나라사랑의식을 고취한 증표역할을 했고, 또 올림픽 또는 아시안 게임 등 국제경기에서의 수상식에서 애국가의 연주와 함께 게양되어 우리 국민들로 하여금 뿌듯한 감동을 느끼게 하는 상징이 되어 왔다. 그리고 그 감동이란 나는 대한민국 국민이라는 자부심과 함께 선열들의 희생을 다시 한 번 환기시키는 역할을 한 것이 사실이다.

그런데 그러한 국기를 국경일에 게양하지 않는다는 것은 국민들의 의식이 너무 이완되어 있음을 의미하는 것은 아닐까? 나는 어찌해서 이렇게 된 것일까를 생각하면서 도로변의 건물들을 하나하나 점검해 보았다. 그 결과 국기를 단 가구가 100분의 1도 안 될 정도로 희박함을 알 수 있었다. 나는 그 결과에 대하여 놀랐다. 우리 국민들이 이토록 된 까닭이 무엇일까? 국가 또는 지방자치단체가 너무 국민 개개인의 자율에만 맡긴 때문은 아닐까? 그럴지도 모른다.

그리고 유심히 가구마다 국기를 달 만한 곳을 눈여겨보았다. 그 결과 국기를 게양하려고 해도 할 수 없게 되어 있었다. 즉 국기봉을 꽂을 장치가 없는 건물이 태반이었다. 그래서 어떤 가구에서는 국기를 계단의 철책 난간에 붙들어 매어 게양하기도 하였다.

그러던 차 금년 3·1절 날, 내가 살고 있는 동네의 국기게양실태를 조사해보기로 했다. 역시 거의 게양하지 않았다. 그런데 한 7층 아파트에 이르렀을 때였다. 가구마다 하얀 바탕에 네 개의 괘가 있고 붉고 푸른 모양의 태극마크가 들어 있는 태극기가 걸려있는 것이었다. 나는 속으로 만세를 불렀다. 그 아파트의 이름은 '다성 이즈빌', 주소는 강동구 천중로 48길 19-5(구 주소는 길동 357-7)로 되어 있었다. 그렇지! 깨어있는 사람도 있구나. 나는 어떤 연유로 그렇게 되었는지 궁금하여 아파트 안으로 들어가 그 경과를 알아보고 싶었다. 그러나 주인공을 쉽게 만날 수 없었다. 네 번을 시도한 끝에 3월 6일에야 그 일을 주도한 사람이 그 아파트에 사는 분이라는 것을 알게 되어 마침내 그 주인공을 만나게 되었다.

그 주인공은 여인수(呂仁壽)씨였다. 나는 내 명함을 내놓고 그

동안의 사정을 이야기 하고 어떻게 이 일을 추진하였는지에 대하여 알아보았다. 그 개요는 다음과 같았다.

새로 아파트에 입주하게 되는 경우 건축주로부터 하자보증금을 받게 마련이라 장차 하자가 발생하면 입주민들의 부담으로 하기로 하고, 그 자금으로 전 18가구에 국기 한 벌씩 18벌을 사서 나눠주고, 국기봉을 꽂을 수 있는 장치까지 설치하고, 국경일이 오면 바로 전일 각 가구에 문자 메시지를 보내 잊지 않고 국기를 게양하도록 했는데 그때가 3년 전부터라고 했다.

이상 오늘날 국경일에 국기게양실태를 말한 바 도대체 언제부터 이러한 현상이 초래되었는가를 유추해 보면 꽤 오래전부터로 보인다. 그것은 국기를 게양하려면 주택의 경우 국기봉을 꽂을 장치가 필요한데 그것이 건물마다 거의 남아있지 않기 때문이다. 그렇다면 그만큼 우리 사회가 국경일에 국기게양에 대하여 오랫동안 감각이 둔해졌음을 의미하는 것이고, 그만큼 국경일에 국기게양에 관한 관계규정은 사문화된 것이나 마찬가지이고, 앞으로 국기게양을 장려하려면 먼저 그 장치부터 하지 않으면 안 되게 되어있음을 의미한다 하겠다.

시민사회가 발전하면 정부나 공공단체가 앞장서서 캠페인을 벌이지 않아도 스스로 알아서 행동하는 것이 바람직한 일이나 국경일에 국기를 게양하지 않는 율이 그토록 높다는 것은 정부는 물론 자치단체도 시민사회도 너무 정신적으로 이완된 까닭이 아닌가, 다시 한 번 생각해 볼 일인 것 같다. (2017. 3)

3부

글을 쓰는 기쁨

글을 쓰는 기쁨 · 1

- 을축년 대홍수 때 708명의 인명을 구조한 나청호(羅晴湖) 선사

대홍수와 선사라, 별로 관련이 없을 것 같은데 이는 실화이다. 때는 지금으로부터 91년 전인 1925년 7월에 있었던 일이다. 당시 지금의 잠실지역 일대는 신천리, 잠실리, 부리 등 3개의 섬이 있었는데 한강 상류에 큰 비가 내려 주민들이 미처 대피하지 못하고 돈대 위에 있는 큰 느티나무 두 그루에 올라가 "사람 살려!" 외치고 있는 것을 다섯 명의 뱃사공을 동원, 한 사람 한 사람 안전하게 구조를 하여, 봉은사로 데려가 사태가 안정될 때까지 708명의 수재민을 구호한 사람이 바로 당시의 봉은사 주지 나청호 선사였는데, 이 사실을 서울의 역사편찬에서 누락된 것을 자료조사를 하여, '서울문화사학회' 또는 '송파문화원'의 기록으로 남겼다는 것이다.

하나의 절에서 나무에 올라가 언제 거친 홍수의 물살에 나무가 뽑힐지 모르는 상황에서, 708명의 수재민을 구조했다! 실로 믿어지지 않는 일이라 생각되지만 그것은 사실이었다. 왜냐 하면 봉은사지(奉恩寺誌)에 실려 있을 뿐 아니라, 바로 그 다음 해 『佛教』라는 이름의 잡지 26호에 그 사실이 실려 있고, 봉은사 부도탑(浮屠塔)이 있는 곳에는 그 사실이 있은 지 4년 만에 수해구조를 받은 난민들의 지역 대표들의 뜻에 따라 건립된 '水害救濟功德碑'가 있으며, 또 그런 사실이 있은 지 1주년이 되는 1926년 7월에는 당시의 독립운동가, 종교인, 교육자, 문화예술인 등 108명이 각기 그 공덕을 찬양하는 작품을 한데 모은 『不壞碑帖』을 엮어 나청호 선사에게 기증한 것이 있기 때문이다.

하나의 절에서 대홍수를 피해 나무에 올라가 대피하고 있는 난민 708명을 구조했다는 사실, 나 스스로가 서울의 역사편찬에 깊이 참여하였으나 그런 사실을 몰라 역사의 뒤안길에 묻혀버릴 수 있는 일을 내가 세상에 알릴 수 있는 기회를 얻게 되었다는 것, 그것은 실로 엄청난 일이었다.

그 사실을 알게 된 것은 1998년 봄 어느 날이었다. 서울의 동부지역인 강동구, 송파구 그리고 하남시 등 옛날 광주(廣州)지역의 서예인들이 벌이는 위례서예전(慰禮書藝展)이 하남시청에서 열려 일행들과 함께 들른 적이 있다. 작품 감상이 끝나고 다과시간에 참석자들이 서로 자기소개를 하는 과정에서 내가 서울의 역사편찬에 참여한 사실을 이야기 하자 고 이훈종(李勳鍾) 박사가 "그러시다면 이것만은 꼭 서울의 역사에 기록되어야 합니다." 하면서 다음과 같은 요지의 이야기를 들려주었다.

> 을축년 대홍수 때 지금의 잠실 일대의 난민 중 일부가 탈출하지 못하고 위기에 처해 있는 것을 알게 된 봉은사의 나청호라는 주지스님이 뱃사람들에게 "저 난민들을 구조해 오면 큰 상금을 주겠다."고 하여 뱃사람들을 모아 난민들을 구조해 온 인원이 700여 명이라는 것이었다.

이 이야기를 들은 나는 뒤통수를 한 대 맞는 기분이었다. 왜냐하면 『서울六百年史』 第四卷(日帝强占期) 이후 第六卷까지 '서울의 상하수도'와 '하천개수'편을 집필한 필자로서 비록 수해에 대한 필자는 아니었으나 그토록 중요한 사실을 빠뜨렸다는 것은 엄청 아쉬운 일이었다. 그래서 반신반의하면서 다음날 봉은사를 방문, 종무소에 들러 이야기를 꺼냈더니 그것은 사실이라면서 『봉은사지(奉恩寺誌)』를 내놓는 것이었다. 다만 너무나 내용이 간단하여 달리 내놓을 것이 없느냐고 물었더니 따라오라면서 부도탑이 있는 곳으로 안내했다. 그곳에는 여러 부도탑 가운데 '대본산봉은사주지나청호선사수해구제공덕비(大本山奉恩寺住持羅晴湖大禪師水害救濟功德碑)'라는 비석이 있고, 뒷면을 보니 수비발기인(樹碑發起人)으로 광주 고양 수해이재민 대표로 4개 지역의 5명의 이름이 적혀 있고, 송덕요지가 다음과 같이 기록되어 있었다.

"乙丑七月 洪水懷襄 船浮蠶室 變桑而滄 七百八人 呼號蒼荒 我師慈濟 德不可忘"이라고.

이를 풀이하면 "을축년 7월, 산과 언덕을 뒤덮는 홍수를 무릅쓰고, 잠실에 배를 띄워, 뽕밭이 바다로 변한 상황에서, 708명이 살려달라 아우성치는 것을, 우리 스승이 자비를 베풀어서, 건저 준 덕 잊을 수 없네."가 된다.

그리고 그 아래에는 비문찬서자(碑文撰書者)로 퇴경(退耕) 권상로(權相老) 송(頌), 성당(惺堂) 김돈희(金敦熙) 서(書)라고 새겨져 있고, 그 아래에는 이재민구제공로자로 나청호(羅晴湖) 대선사를 비롯한 봉은사 스님들의 이름이 나열되어 있었고, 공덕비를 세운 시기는 수해가 있은 후 4년 만인 1929년 7월로 되어 있었다.

정말 놀라운 일이었다. 그것이 지역관할관청이라 할지라도 대단한 일인데 하물며 하나의 사찰에서 일어난 일이라니…. 이는 실로 세계적인 토픽감이 아닐 수 없었다. 그래서 다시 종무실로 돌아와 좀 더 구체적인 자료는 없습니까? 물었더니 "부주지 스님이 『不壞碑帖(부괴비첩)』이라는 책을 가지고 계신데 오늘은 외출 중이니 내일 오시면 뵈올 수 있을 것입니다." 답하는 것이었다.

하릴 없이 다음 날 다시 오니 마침 부주지 스님을 만날 수 있었다. 찾아온 사유를 말하고, "『不壞碑帖』을 하루만 빌려주시면 복사를 하고 돌려드리겠습니다." 했더니 쾌히 응해주어 그날로 복사본을 얻을 수 있었다.

복사본을 펼쳐보니 그 책은 1925년 그 일이 있은 지 1년이 되는 1926년에 발간된 잡지 『佛教』 제26호 부록의 한자본(漢字本)을 한글로 대역한 것으로 1985년에 발간한 것이었고, 제호는 '너무나도 뚜렷한 공덕이므로 그러한 공덕은 절대로 무너지지 않는다.'는 뜻에서 부쳐진 것이었다.

내용을 보니 당시의 독립운동가를 비롯, 명망 있는 종교인, 교육자, 문화예술인 등 108명이 각자의 소양에 따라 헌시(獻詩), 또는 헌화(獻畵) 한 점씩을 내놓아 그 공덕을 찬양한 것을 하나의 커다란 서화집으로 엮은 것이었고, 당시 17세 소년이었던 나춘봉(羅春鳳)씨의 목격담이 추가되어 있었다. 여기서 그 내용을 요약하면 다음과 같다.

대홍수가 일어나 봉은사에서 가까운 부리(浮里 = 지금의 잠실종합운동장 부근)와 그 이웃인 잠실리, 신천리 등에는 옛날부터 홍수에 대비하여 일시적으로 올라가 대피할 수 있는 돈대를 조성 관리하고, 돈대 위에는 느티나무 두 그루를 심어 정자나무역할도 하도록 키워 왔다.

그런데 1925년 대홍수 때에는 돈대도 물이 불어 넘치자 난민들이 나무 위로 올라가 나뭇가지를 부여잡고, 물이 빠지기를 기다리는 수밖에 없었다. 불어난 거친 물결에 언제 뿌리가 뽑혀 물귀신이 될지 모를 위기에 처한 난민들은 "사람 살려!" 외쳐보지만 아무도 나서는 사람이 없었다.

그런데 그 소식이 이웃인 탄천 건너 봉은사의 나청호 선사에게 알려지게 되었다. 나청호 선사가 알게 되자 그는 "죽은 사람도 천도하는 것이 불교인데 위급한 상황에서 살려달라! 아우성치는 난민들을 외면하는 것은 불교의 도리가 아니다."라면서 뱃사람들을 모아 구조하려 하였으나 아무도 나서는 이가 없었다.

그래서 이를 어쩌나 하고 궁리하고 있는데 마침 뱃사람들이 떠내려 오는 목재를 건지는 데에 혈안이 되어있는 것을 보게 되자 옳지! 하면서 뱃사람들에게 접근하여 호소했다. "지금 부리도와 잠실, 신천리의 돈대에 있는 나무에 수백 명의 난민이 올라가서 살려달라고 아우성치고 있는데 저들을 구조해오면 큰 상금을 주겠습니다."라고….

그러자 한두 사람이 응하더니 마침내 다섯 사람의 사공이 모아져서 배 다섯 척을 몰고 현장에 가서 한 사람 한 사람 배로 내리도록 해서 봉은사로 데리고 와 구조한 인원수가 708명이라는 것이었다.

그리고 그 두 그루의 나무 중 한 그루는 난민들을 안전하게 내려 배에 태우고 떠난 지 10분도 되지 않아 거친 물살에 뿌리가 뽑혀 홍수에 떠내려가고, 나머지 한 그루는 잠실개발을 하면서 뽑혀졌다는 것이었다.

나는 그 사실을 당시의 신문을 통해 확인도 했고, 1926년에 발간된 잡지 『佛敎』 제26호도 동국대 중앙도서관에서 복사해 왔다. 그리고 이들 문건들을 근거로 보고서를 작성하여 '서울문화사학회'에 보고하여 『서울文化硏究』 제2집에 수록케 하였다.

그리고 마침 2005년~2006년 2년간에 걸쳐 '송파문화원'에서 '송파구의 옛 모습 찾기' 사업의 자문위원으로 활동하면서 그 '不壞碑帖'도 인천으로 이사 가서 살고 있는 羅晴湖 선사의 양손자를 찾아 원본을 확인하는 등으로 을축년 대홍수시 羅晴湖 선사의 수해구제공덕을 기록으로 편입시킴으로써 어쩌면 역사의 뒤안길로 묻혀버릴 수 있는 일을 늦게나마 세상에 드러내 보존하게 되었다.

이로써 내가 이 사실을 세상에 드러내게 된 것도 하나의 인연이기도 하겠지만 내가 글을 쓰는 사람이 아니었다면 이런 일을 할 수 없었을 것이라고 생각하면서 보람과 함께 기쁨을 누리기도 했다. 다만 이만한 공덕이라면 교과서에 실어야 하는 것은 아닐까 생각하면서 필생에 그것마저 이루어졌으면 하는 원을 가진 지 오래이다.

(2006. 8)

글을 쓰는 기쁨·2

-『江東區誌』 편찬에 참여하고

내가 2001년『江東區誌』 편찬위원으로 참여하면서 있었던 일이다.『江東區誌』의 편찬에 이어『사진으로 보는 江東史』도 편찬하게 되었는데 강동구와 광진구를 잇는 교량 즉 '廣津橋'의 원형사진을 찾아야겠다는 생각을 하게 되었다. 왜냐하면 광진교는 일제강점기에 건설된 서울지역 한강교량인 '漢江大橋'에 이어 두 번째로 건설된 교량인데 '서울六百年史' 第四卷에서는 6·25때 폭격으로 파괴되어 복구한 교량사진을 그대로 게재하고 있어 아무래도 마음에 미련이 남기 때문이었다.

나는 원형사진을 주민의 소장품에서 찾을 것을 시도하도록 편찬위원회 회의에서 제안했다. 그런데 그 후 3주째인가, 편찬위원회 회의에 사진을 찾았다면서 내놓는 것이었다. 행정계통을 통해서 주민의 소장품 중에서 찾아냈다는 것이었다. 사진은 일제강점기

때인 1937년, 당시 여름에 구천보통학교(현 상일초등학교 전신)의 학생들이 한강백사장으로 소풍 나왔다가 광진교 아래에서 단체로 기념사진을 찍은 것이었다. '漢江大橋'와 마찬가지로 상판 위에는 철골조의 아취형을 이룬 사진이었다. 사진 하단에는 '廣津橋ニ遊ブ(광진교에서 놀다)'라는 글자까지 들어있는…. 쾌재! 나는 속으로 만세를 외쳤다.

다음은 '둔천약수터'에 관한 기사와 사진발굴에서였다. 내가 '둔천약수터'를 알게 된 것은 1975년, 먼저 살던 서대문구 영천동 안산 남쪽 비탈에 세워진 시민아파트에서 살다가 위험아파트로 분류되어 지금의 강동구 길동초등학교와 마주하고 있던 '길동아파트'로 대체되어 이주하면서부터이다.

먼저 어떤 경로로 약수터가 개발되었는지 기사자료부터 찾기 위해 옛날 신문을 들춰 보기로 했다. 일제강점기의 조선일보를 뒤졌더니 1938년 5월 17일자 신문에 보도되어 있는 것이 아닌가! 기사요지는 다음과 같았다.

> 약수가 나온 땅의 주인은 시내 삼각동 부호 이종익 씨였는데 신당동에 살고 있는 박홍업 씨가 우연한 기회에 지나다가 논에서 약수가 솟는 것을 발견하고, 1937년 5월에 총독부에 수질검사를 신청, 분석한 결과 그 물에는 중반잔사 크롬·칼슘·철분·유리탄산·가메롱·경도·유산 등 여러 가지 성분이 섞여있는 것을 발견, 허가를 받아 1938년 봄부터 약수터로 개방하였다.

다음은 약수터 사진의 발굴에 관한 이야기이다. 나 스스로는 편찬위원이므로 직접 사진발굴의 책임은 없으나 기왕에 이 지역의 주민이기도 하므로 직접 찾아보기로 했다. 우선 약수터가 있던 자리를 찾아가 보니 둔촌고등학교 교정 화단 안에 그곳이 옛날 둔촌약수터가 있던 자리임을 표시한 표지석이 있는데 그 표지석의 설치자는 '약수터 경로당', '둔촌향민회', '둔촌고등학교'가 중심이 되어 2000년 10월 3일에 세운 것으로 되어 있었다.

나는 수소문하여 '약수터 경로당'을 찾아갔다. 한 노인을 만나 이야기를 꺼냈더니 당시 새마을금고 이사장으로 있던 안인수 씨가 그림엽서를 가지고 있다고 알려주었다. 그래서 곧 안인수 이사장을 찾아가 사유를 말했더니 가지고 있다면서 내일 아침 출근 때 가지고 나오겠다는 답이었다.

다음 날 아침, 다시 새마을금고로 방문했더니 약수터 사진 석(3)장을 내놓는 것이었다. 약수터 전경사진과 약수를 떠가기 위해 용기를 들고 줄을 서 있는 사진, 그리고 약수를 푸고 있는 사진 등으로, 그 둔촌약수가 하도 유명해서 조선총독부에서 그림엽서로 발행한 것이었다. 나는 즉시 집으로 돌아와 사진을 복사하고 되돌려 주었다.

다음은 서울시의 공공상수도가 들어오기 전에 사설상수도가 있었던 사실을 등재하는 일이었는데 그것은 내가 '서울특별시시사편찬위원회'와 함께 서울의 상수도사 편찬을 할 때에 성내·천호·풍납동 등 3개 지역에 공공상수도가 들어오기 전에 사설수도가 수돗물을 공급했던 사실을 알고 있었으므로 그 사설수도사업자를 찾아 옛날의 한강변에 설치되었던 기록을 얻어 반영하고 취수시설사진과 사업소 건물사진도 얻어 게재하였다.

다음은 지금은 행정구역개편으로 송파구 관내가 되었지만 강동구에 이렇다 할만한 공장이었던 태양금속에 관한 자료와 사진의 수집에 관한 것이다. 태양금속이 입지했던 곳은 풍납동 340번지로 풍납로에서 현재의 강동구청으로 들어오는 길의 서쪽 길가였다. 전면적 1만 평의 넓은 대지에 종업원 600~900명을 헤아리는, 강동지역에서는 전무후무한 현대적 공장이었다.

태양금속공업㈜은 1975년 10월에 종로구에서 풍납동으로 이전한 공장으로 자동차 대량생산시대를 맞아 부속품을 생산해 왔으나 수도권 인구집중억제시책에 따라 공업배치법이 제정 시행되면서 1989년 8월, 경기도 반월공단으로 이전하게 된 것이었다.

나는 용역회사에 정보를 주어 자료조사를 시킬 수도 있었지만 스스로 반월공단으로 태양금속㈜을 찾아가서 필요한 자료와 사진을 얻어 '江東區誌' 및 '사진으로 보는 江東史'에 반영하게 했다.

끝으로 서울특별시의 광나루 수역의 이용시책의 변화에 따른 것이었다. 서울특별시의 '한강종합개발계획'의 시행에 따라 하류부 잠실대교에 수중보가 시설되고, 백사장도 녹지대로 변했으며, 광나루도 저수로 조성과 함께 수면접근이 어렵게 되었기 때문이었다. 수영장이 폐쇄되면서 허용된 것이 수상레저 활동이었다. 그 후 그것마저 폐지된 것은 잠실대교 상류에 대형 취수장이 시설되면서 수질보전책을 위해서였다. 다만 수상레저 활동과 고수부지가 잔디밭으로 변한 상황에서의 사진이 필요로 되자 나는 내가 찍어 '서울사진대전'에 출품, 입상한 작품과 고수부지가 잔디밭으로 변한 곳에 대형천막이 설치된 사진을 제공 수록하게 되었다.

이상 『江東區誌』와 『사진으로 보는 江東史』의 편찬위원으로 활동하면서 편찬위원의 직무범위를 넘어 능동적으로 활동한 바 이로써 그만큼 충실한 역사편찬이 될 수 있었다면 이 또한 기쁜 일이라고 생각할 때 '글을 쓰는 기쁨'이라 해도 되지 않을까?

(2011. 8)

글을 쓰는 기쁨·3

- 내소사 독경소리

내가 '사단법인 서울특별시 시우회'의 회지 『市友』를 창간하고 그 잡지의 한 주제로 '명소순례'를 꾸미기 위해 우리나라 땅끝 마을에서도 배를 타고 한참을 달려야 갈 수 있는 보길도에서부터 우리나라 서부를 죽 훑어 올라오면서 부안에 있는 내소사(來蘇寺)에 이르렀을 때에 있었던 일이다. 내소사 사하촌(寺下村)에 있는 민박집에서 하룻밤을 보내고 아침 일찍이 카메라를 메고 내소사 입구에 이르니 입구의 공원관리사무소에서는 아직 근무자가 나오지 않아 비어 있었다.

진입로에 이르니 수십 길이 넘는 전나무가 길 양옆에 늘어서 있어 여기가 명소가 될 만한 곳이라는 것을 직감했다. 나는 사진작가로서의 습성에 따라 이런 곳에서는 어떤 각도로 어디쯤 인물을 배치하고 찍어야 그림이 되겠다는 생각을 하면서 함 걸음 한 걸음

걸음을 옮기고 있었다.

밤새 내린 비는 그친 지 한참 지났지만 땅은 아직 습기가 많았고, 잔잔한 바람에 풋풋하고 싱그러운 향기가 물씬 풍겨왔다. 그때였다. 어디선가 금강경 독경소리가 들려왔다. 목소리로 보아 노년기에 접어든 남자의 목소리이기는 했으나 꽤나 청아하게 들려왔다. 나는 문득 소리가 나는 방향을 찾아 발길을 옮겼다.

소리의 진원지는 그리 멀지 않은 곳이었다. 내소사 입구에서 약 200미터쯤이나 될까? 전나무 숲길을 따라 오르노라면 오른 쪽으로 갈라진 길이 나오는데 약 100미터쯤 되는 곳에 한 암자가 있었다. 현판은 서래선림(西來禪林), 스님은 보이지 않았다. 누구에게 물어볼까 하고 두리번거리고 있는데 약 50대쯤 되어 보이는 비구니 스님 한 분이 요사(寮舍)에서 나왔다. 인사를 한 후 금강경 독경소리가 하도 좋아 소리를 따라 왔다고 말하고, 그 녹음테이프를 한 장 얻을 수 없겠느냐고 물어 보았더니 그 스님의 답이었다. 그 녹음테이프는 벌서 여러 해 전에 돌아가신 큰스님이 녹음한 것인데 다 나눠주고 지금은 품절상태라고…. 나는 본사 용품점에 가면 구할 수 있겠지 하며 인사를 하고 유난히도 잘 정돈된 장독대를 카메라에 담은 후 서래선림을 떠났다.

다시 진입로에 들어서 전나무 숲길을 따라 내소사 본사를 향해 발걸음을 옮겼다. 약 300미터쯤 오르니 절의 당우들이 눈에 펼쳐지면서 다시 50미터쯤의 낮은 고목 숲길이 마치 터널을 이루듯

이어졌다. 그리고는 천왕문, 천왕문을 지나면 500여 년의 수령을 자랑하는 느티나무가 풍광을 뽐내고 있었고, 범종각이 알맞은 키의 한 나무의 조복을 받듯 어울려 있었다.

먼저 불교 용품점으로 갔다. 마침 소임을 맡은 보살이 있어 용건을 말했더니 그 녹음테이프는 신도들에게 나누어주고 품절상태라는 것이었다. 하릴없이 종무소로 향했다. 어차피 기행문을 쓰기 위해서는 자료를 얻어야 했고, 장차 그 녹음테이프를 다시 복사하는 기회에는 꼭 연락을 주어 구할 수 있도록 부탁도 하기 위해서였다.

종무소에는 한 거사가 맞아 주었다. 나는 나를 소개한 후 내소사를 알리는 자료와 함께 금강경 녹음테이프를 또 꺼냈으나 같은 대답이었다. 그 거사는 나의 태도가 진지해 보였는지 도와주고 싶으나 물건이 없으니 어쩌겠느냐고 미안해했다.

그때였다. 한 30대 후반쯤 되어 보이는 한 스님이 마침 나타나서 나와 그 거사와의 이야기를 들었는지 끼어들면서 말했다. "그 녹음테이프는 벌써 오래전에 돌아가신 큰스님이 독송하신 것을 녹음한 것인데 품절이 되어 구할 수 없습니다. 그 대신 큰스님이 쓰신 『금강경 강의』 책 한 권을 드리겠습니다." 참으로 얼마나 고마운 배려인가, 생면부지의 사람에게…. 나는 "고맙습니다." 인사를 하고 다시 종무소의 거사로부터 기행문 쓰기에 필요한 자료를 얻어가지고 하산했다.

내소사 본사를 떠나 내려오다 내 발길은 다시 '서래선림'으로 옮겨졌다. 그래도 그 금강경 녹음테이프에 대한 미련은 가시지 않았던 것이었다. 내가 '서래선림'에 이르니 마침 아침에 본 그 비구니 스님이 외출했다가 돌아오고 있었다. 나는 내가 이번 여행으로 이곳에 오게 된 경위를 말하며 나를 소개하는 명함 한 장을 꺼내 드렸다. 그리고 내소사 본사에 가서 있었던 일을 이야기 하고, "여기서 들려오는 독경소리 때문에 생긴 일이니 여기서 책임을 지셔야겠습니다." 하며 생떼를 썼다. 나의 생떼가 어처구니없었던지 그 비구니 스님은 환한 미소를 지으며 "차나 한 잔 하고 가시죠." 하며 방으로 들어오라는 것이었다.

따라 들어간 방은 나중에 알게 된 일이지만 그 암자의 주지실이었고, 그 비구니 스님은 주지 스님이었다. 스님이 좌정하자 나는 정식으로 인사를 했다. 방 안에는 다구(茶具)가 상비되어 있어 곧 차 준비가 시작되었는데 그때 스님이 말했다. "아마 이 차는 드셔본 적이 없을 겁니다."라고. 나는 호기심에 "무슨 차인데 그러십니까?" 물었다. 스님이 말했다. "차의 이름은 녹엽연향차(綠葉蓮香茶)인데 작설차 잎을 백련 꽃송이 속에 넣어 백련 꽃 향이 찻잎에 스며들도록 만들어진 차."라는 것이었다.

별로 차에 대한 상식이 없었기도 했지만 그런 이름의 차에 대해 들어본 적도 없었던 터라 그저 희한한 차도 다 있고나 하는 생각뿐이었다. 여름철이라 냉차로 얼음까지 동동 띄어 놓은 차의 맛은 약간의 향기가 있는 담백함이라고나 할까, 아무튼 나는 거의 한 시간이나 이런 저런 이야기를 나누며 차를 몇 순배 들고 그만 일어나야겠다고 말했다.

그때였다. 바로 옆에서 차 시중을 들고 있던 한 보살에게 "이 선생님은 참선공부도 열심히 하고, 또 시인이시니 그거 하나 드립시다. 가져 오세요!" 하는 것이었다. 잠시 후 나갔던 보살이 두꺼운 책과도 같은 것을 한 권 가지고 돌아왔다. 표지를 보니 해안(海眼) 큰스님의 『금강경 강의(金剛經 講義)』 녹음테이프가 들어있는 박스였다.

그때 나의 감동은 실로 뭐라 말할 수 없는 것이었다. 어찌하여 오늘 이토록 좋은 일이 연거푸 일어나는지, 아마 그런 날은 일생에 다시는 없으리라 생각했다.

집에 돌아와 가지고 온 책과 금강경 녹음테이프를 들어보니 그것은 보통의 것이 아니었다. 그 까닭은 우리나라 산승 중 교학에도 달통한 분이 귀하기도 하지만 설혹 있다고 해도 저술로 전해진 것이 별로 없기 때문이었다. 해안선사는 일찍이 약관 18세에 개오(開悟)하고, 지금의 동국대학교의 전신인 불교중앙학림(佛教中央學林)에서 소정의 과정을 졸업하고, 중국으로 건너가 중국 대륙의 선지식(善知識)을 두루 친견하고, 다시 북경대학에서 2년 간 불교학 연수도 한 고승이었다.

그리고 1946년 이후 거의 대부분의 시간을 금산사와 내소사에서 납자(衲子)와 재가불자를 아우르는 참선수행을 지도해온 조실 스님이었다.

인연은 또 다른 인연을 낳았다. 이후에도 호남지방 여행길에 내소사에 들를 때마다 해안선사의 「심경(心經)」 및 「십현담(十玄談)」 강의 CD도 얻었다. 또 2001년에는 서울 성북동에 있는 전등사 주지 스님(해안선사의 상좌)이 주도하여 간행된 『해안집(海眼集)』 전 3권을 얻어 공부하는데 큰 보탬이 되고 있다. 비록 원적하신 지 30년이 된 분으로 나와는 일면식도 없지만 해안선사야말로 나의 스승 중의 스승이시니 금강경 독경소리의 인연이야말로 얼마나 소중한 인연인지 감사하고 또 감사하고 있다. 그리고 이 또한 내가 글을 쓰기 때문에 생긴 일이라고 생각할 때 글을 쓰는 기쁨의 하나라고 할 만하지 않을까?

(2011. 8)

글을 쓰는 기쁨 · 4

- 기행지에서 일어난 일

만약에 요즘과 같이 야박한 세상에, 생전에 단 한 번도 만난 적이 없는 외지 사람에게, 단 한 가지 그 지방에 대한 기행문을 쓰기 위해 왔다는 것만으로, 자기 할 일을 제쳐 놓고, 자기 승용차를 스스로 운전하여 하루 종일 동행한 사람이 있다면, 이런 사람은 우리나라 사람 중 과연 몇 만분의 1에 해당할까?

다만 당시 기행을 떠나기에 앞서 내소사에 들러 예기치 않은 친절과 행운을 입어 내가 매우 상기되었었다는 것을 생각할 때 그날은 정말로 무슨 보이지 않는 힘의 작용이 아니고는 있을 수 없다고 생각되었다.

이야기의 주인공은 전북 부안군의 내소사(來蘇寺) 입구 사하촌(寺下村)에 있는 '탐라산장' 주인 송상원 씨이다. 때는 지금으로부터

11년 전인 2000년 8월 20일(토), 내가 아침 일찍 내소사 입구에서 금강경 독경 소리에 이끌려 지장암(一名:西來禪林)과 내소사 본찰에 들러 예기치 않은 대우를 받고 행복감에 들떠있는 것을 보고 그 분위기가 그에게까지 옮겨진 것일까? 송상원 사장은 내가 기행을 떠난다고 하자 서슴지 않고, "우리 고장에 대한 기행문을 쓰기 위해 오셨는데 제가 모시겠습니다." 하면서 "어서 제 차에 오르십시오." 하는 것이었다.

그렇게 하여 그의 차를 탄 것이 하루 종일 같이 행동하고, 그날의 마지막 기행지 월명암(月明庵)에서 차를 내리자 "내일 아침 내려오실 때 연락 주세요. 차 가지고 나오겠습니다." 하는 것이었다. 그러나 그렇게까지는 할 수 없다고 생각하여 사양했지만 다시 생각해도 과연 내가 그런 친절을 받을 만한 공덕은 없다고 여겨지는 것은 그때나 지금이나 마찬가지이다.

아무튼 나는 송사장의 친절로 부안지방에 대한 기행문을 장장 22쪽을 써서 『市友』지에 실었는데, 사실은 부안의 이웃인 고창지방까지 한 회에 아우르려던 것을 그의 친절과 고마움에 대한 사례로 부안지방만의 기사로 꾸몄었다. 그리고 기사도 월명암 입구에서 내리면서 그의 차량과 함께 그의 사진을 찍어 그 책 끝 부분에 실었었고, 그 잡지도 보내준 적이 있었다. 그리고 난 후 10년 동안 3회 정도인가, 부안 근처에 가게 될 때에는 옛 정이 그리워 잠깐이라도 들러 인사하곤 했었다.

다시 인연이 이어진 것은 지난 2010년 7월 24일, 『서울문학』

에서 문학기행으로 전북 부안군에 있는 '매창공원'에 간다고 하여 동행하게 되었다. 일행이 현지에 도착하였더니 전에는 읍내에 있었던 '부안문화원'이 바로 '매창공원' 안에 있었다.

사전에 연락을 취했음인지 문화원장이 나와 인사와 함께 안내를 하였다. 적당한 틈을 타서 나는 문화원장에게 접근해 명함을 건네면서 나 자신을 소개했다. 전에도 전화로 '매창(梅窓)'의 한시집(漢詩集)을 요구하여 받은바가 있고, 내가 쓴 부안 일대에 대한 기행문이 실린 책자와 함께 '매창'에 관한 기행문, 그리고 수필 등을 보내준 일이 있어 금방 알아차리더니 "아, 윤 선생님이시군요, 그렇지 않아도 사전에 전화를 걸어 양해말씀을 드리고 실었어야 하는데 미안합니다. 잠깐만 기다리십시오, 책을 가지고 나오겠습니다." 하더니 잠시 후 부안문화원이 발행한 『扶安文化』 14호 두 권을 내놓는 것이었다.

책을 받고 내 글이 실린 쪽을 펴보니 「외지인이 본 부안의 명소 순례기」라는 부제로 지금부터 14년 전인 1997년에 내가 (사)서울특별시 시우회의 잡지 『市友』를 창간하여 주간으로 있으면서 2000년 가을 통권 제5호에 게재했던 기행문 22쪽 전문을 전재한 것이었다. 필자인 나로서는 사전에 귀띔이라도 해주었더라면 더 좋았을 것이지만 굳이 불쾌하지 않았다.

'매창공원'과 또 부안지방의 대표적인 사찰이라 할 수 있는 내소사(來蘇寺)를 둘러보고 내려오면서 나는 문화원에서 받은 『扶安文化』 제14호 2권 중 한 권을 꼭 '탐라산장'에 주고 와야 했지만 일행과 행동을 같이 하지 않으면 안 되는 형편이라 들르지 못하였다.

그래서 이번에 부안을 다녀온 얼마 후 부안군수와 부안문화원장에게 서신을 띄워 '그만한 군민이라면 표창할 만하다고 생각되어 건의하니 선처바랍니다' 했는데 얼마 후 송상원 사장으로부터 표창을 받았다는 전화가 왔다.

부안문화원에서는 해마다 '매창축제'를 열면서 한 번 초청하겠다는 의사표시가 있었으니 기회가 닿는다면 특별한 사유가 없는 한 한 번 다녀올 참이다.

조선조 중기 황진이와 필적하면서도 한시에 능해 한시 100여 수를 남기고, 그 시집을 '개암사'라는 현지의 사찰에서 출판했고, 하나의 기생에 불과한 여인의 무덤을 주민들에 의해 조성했다. 근래에 와서는 그 무덤이 있는 공동묘지를 '매창공원'으로 지정하고, 다른 묘는 거의 모두 옮기고 공원화 했으니 부안인의 문화를 사랑하는 고운 마음씨를 헤아릴 만하지 않은가?

부안을 다녀온 지 1년, 탐라산장 송상원 사장으로부터 '한 번 내려와 쉬어가라'는 전화가 오더니 이번에는 '오디(뽕나무 열매) 한 상자를 보내겠다'는 것이었다. 전화가 온 지 며칠 후 외출했다 돌아와 보니, 아니나 다를까 우체국 택배가 와 있었다. 포장을 뜯고 보니 플라스틱 용기 5개에 까맣게 익은 오디가 가득가득 담겨있는 것이 아닌가! 무더운 여름 날씨에 냉동된 오디 맛을 보니 풋풋하면서도 시원하고 달콤했다. 실로 얼마만의 오디 맛인가, 태어난 지 17개월 된 내 손녀가 맛을 보더니 자꾸만 달라고 보챈다. 어릴 때 시골에서 자라 흔하게 따먹은 후 그 맛을 잊은 지 얼마만인가. 어쩌면 다시는 먹어보지 못할지도 모를 오디가 전해오는 정 또한 뭉클하다. 이 또한 내가 글을 쓰기 때문에 느끼는 기분이니 '글을 쓰는 기쁨'이라 이를 만하지 않을까?

(2009. 8)

말빛

최근 글 쓰는 사람들에게 하나의 충격으로 다가온 단어가 있으니 '말빛'이라는 것이다. 법정스님이 입적하면서 유언으로 남긴 이 말은 글을 쓴다는 것이 이 세상에 하나의 빛으로 작용할 수 있음을 시사하는 것이다. 하긴 어차피 이 세상을 살아간다는 것은 남들과 더불어 사는 것이고, 그러고 보면 말에 따라 서로 영향을 주고받는 것이니, 빛이 될 수도 있을 것임은 당연한 이치이다. 더구나 불교에서는 구업(口業)이라고까지 말하고 있으니 말빛이라는 단어의 머금은 뜻이 충분하다고 해야 할 것이다.

그러하다면 과연 우리들은 글을 쓰는 자세에서 그런 것을 의식하면서 쓰고 있는가, 할 때 그렇다고 자신 있게 답하는 사람은 얼마나 될까? 그보다는 가능한 한 유방백세(流芳百世)한다고 글을 남기는 일에 더 관심이 있다고 보아야겠지….

글이 빛이 된다는 것을 생각을 하면서 떠오른 속담 또는 격언이 생각난다. "말 한마디가 천량 빚을 갚는다.", "웅변이 은이면 침묵은 금이다." 또는 "붓끝은 총칼보다 강하다." 등등…. 그러고 보면 어쩌면 천량 빚을 갚기는커녕 반대로 천량 빚을 지고, 금은커녕 입상권에도 들지 못하며, 사회에 도움은커녕 혼란만을 가져다 줄 수도 있을 것이니 세상에 빚만 지고 가는 것은 아닌지도 모를 일이다.

보도된 바에 의하면 법정스님의 저작은 대체로 베스트셀러로 인기가 있었고, 절판하도록 유언한 것이 알려지자 서점마다 사재기 물결이 폭주하고 있다는 것이다. 그렇다면 법정스님은 어떤 의도로 '말빚'을 더 이상은 다음 생으로 가져가지 않겠다고 유언을 한 것일까? 참고로 그 유언장 전문을 인용하면 다음과 같다.

- 남기는 말

1. 모든 분들께 깊이 감사드립니다. 어리석은 탓으로 제가 저지른 허물은 앞으로도 계속 참회하겠습니다.

2. 내 것이라고 하는 것이 남아있다면 모두 '(사)맑고 향기롭게'에 주어 맑고 향기로운 사회를 구현하는 활동에 사용토록 하여주시기 바랍니다. 그러나 그동안 풀어논 말빚을 다음 생으로 가져가지 않으려 하니 부디 내 이름으로 출판한 모든 출판물을 더 이상 출판하지 말아주십시오.

3. 감사합니다. 모두 성불하십시오.

2010. 2. 24.

법정(속명 박재철)

유언장 내용을 음미해 본다.

먼저 1항에서의 '어리석은 탓으로 저지른 허물'에 대해서이다. 법정스님은 거의 괴팍하다싶을 정도로 일관되게 혼자 살면서 묵언정진을 일상으로 살아온 분이다. 그런 데도 말의 실수라든가 과격한 말이 있었을 수 있으니 이에 대해 참회하겠다는 것이리라. 있을 수도 있겠다는 생각을 해본다.

다음은 2항에서 남아있는 유산을 '(사)맑고 향기롭게'에 주도록 하는 것과 기왕에 자신의 이름으로 출판한 책과 관련한 '말빚'을 더 이상은 다음 세상으로 가져가지 않겠다는 것이다.

우리 보통 사람이라면 인세수입을 가족에게 넘길 것이고, 법정스님의 경우는 출가 승려이므로 생전의 관례대로 '(사)맑고 향기롭게'의 수입으로 처리되어 가난한 집 자녀의 장학금으로 사용하게 할만도 한데 그것조차 배려하지 않고 절판케 한 것이다.

왜 그랬을까? 법정스님 스스로가 기왕에 출판한 자신의 저서에 대하여 불만을 가졌던 것일까? 더 잘 쓸 수도 있었을 것인데- 하는 아쉬움이 있을 수도 있겠지만 이에 대해 평소 법정스님을 가까이에서 지켜본 한 스님은 "절판유언이야말로 법정스님의 무소유정신의 결정판"이라고 말하고 있다. 이름조차 소유개념으로 본다는 것이다. 도무지 일반인으로서는 상상이 미치지 않는다 할까?

끝으로 생각해보는 것이 불가 특히 선종(禪宗)에서 말하는 불립문자(不立文字)를 의식한 것일까? 하는 것이다. 선종에서는 '부처님의 말씀을 교(敎)라 한다면 선(禪)은 부처님의 마음'이라고 하여 말로 발설되지 않는 경지를 말한다. 부처님 스스로가 열반에 드실 때 "나는 한마디도 말하지 않았다."고 하여 팔만사천의 법문을 한 것이 그때그때의 방편에 따른 법문이지 진실로 고준한 법문은 아니라고 말하기도 한다. 왜냐하면 고준한 법문은 중생들이 알아듣지 못하기 때문이다. 다만 이 경우에도 다음 세상에서는 글을 쓰는 것에 대한 애착을 버릴 것을 전제로 한 것이기는 하지만….

실제로 어떤 선승의 경우 '말 없는 법문'이라고 하여 법문을 하려고 법상에 올라가 좌정한 후 한참 있다가 주장자를 쾅쾅쾅 세 번 울리고 내려오는 예가 있음을 볼 수 있다. 세속에서도 미국의 초대 대통령 조지 워싱턴은 임기만료가 되어 의회에 나가 이임연설을 할 단상에 올랐으나 독립전쟁을 하고 건국을 하느라 노심초사한 일들이 떠오르자 만감이 교차하여 아무 말도 못하고 한참 동안이나 입을 떼지 못했다 한다. 그러자 의석 한 가운데서 한 의원이 벌떡 일어나 "대통령 님! 무슨 말씀을 하시려는지 우리는 다 알고 있습니다." 하자 우레와 같은 박수가 터졌고 박수가 끝나자 마침내 한마디의 말도 하지 않은 채 내려온 것이 명연설로 평가받고 있다는 것이다. 하긴 연설이라는 것이 말하는 이와 듣는 이의 공감대가 중요한 것이라면 일리 있는 것 같기도 하다.

법정스님의 절판유언 이유를 다른 사람이 알 수는 없다. 이런 의미에서 이 글을 쓴다는 것 자체가 하나의 빚이 됨직도 하다. 또한 법정스님의 경우는 특수한 신분의 수행자이다. 따라서 일반인과는 경우가 다르다고 말하는 사람도 있을 것이다. 더구나 요즘은 자기홍보시대라는 의식에서일까 자기 스스로가 자기 시비(詩碑) 세우는 일을 서슴없이 한다는 것을 의식할 때 그러하다. 다만 같이 글을 쓰는 우리에게는 반면교사가 될 수도 있는 것은 아닐까?

(2015. 10)

말 없는 말

사람이 다른 동물과 구별되는 특징 중의 하나로 언어와 문자를 사용한다는 것을 들 수 있다. 그런 의미에서 말을 잘 한다는 것은 문명인의 강점일 수도 있다. 그런데 그럼에도 불구하고 우리는 '능변은 은', '침묵은 금'이라는 격언을 말하고 있다. 아무리 말을 잘해도 침묵만은 못하다는 의미일 게다. 왜 그렇게 보는 것일까? 말이 의사전달의 수단이라면 표현이 되어야 할 것인데 표현되지 않은 침묵을 더 높이 평가하는 까닭은 무엇일까?

다만 여기서 우리가 유의할 것은 말하는 사람의 의사와 듣는 사람 간에 의사전달이 전혀 안 되면서도 금이 된다는 뜻은 아닐 게다. 침묵이 금이 되기 위해서는 말을 하지 않았음에도 침묵을 언어의 수단으로 사용한 화자와 이를 받아들인 청자 간에 같은 의미이거나 그 이상으로 의사전달이 되었을 때를 의미한다 할 것이다. 여기서 몇 가지 예를 들어보기로 하자.

침묵의 극적인 사례로 유마거사의 불이법문(不二法問)이 있다. 붓다 생존시 유마거사가 병으로 누어있다는 소문을 들은 붓다께서 덕 높은 제자들을 시켜 위문을 보내려 했으나 워낙 유마거사의 변설이 뛰어나 당하지 못함에 따라 가기를 꺼려하자 붓다의 제자 중 지혜제일로 알려진 문수보살에게 가도록 하여 31명의 출가제자들이 함께 가게 되었다.

병 위문을 하러 온 31명의 보살들과 유마거사 사이에 불이법문이 행해졌다. 여기서 불이법문이란 너와 내가 둘이 아니고, 선과 악이 둘이 아니며, 있음과 없음이 둘이 아니며, 생과 사가 둘이 아니라는 등, 사물의 실체는 둘이 아니고 하나라고 유도하는 법문을 말하는 것이다.

문답은 유마거사의 질문에 31명의 붓다의 제자들이 먼저 자기 나름의 견해를 밝히게 되었는데 끝으로 문수보살의 견해가 밝혀졌다. 문수보살은 다음과 같이 말했다.

"일체 사물의 실체는 말로 주고받을 수가 없습니다. 보일 것도 알릴 것도 문답할 것도 없습니다. 모든 문답을 벗어나는 것이 둘의 차별을 여의는 길이라고 하겠습니다."

이렇게 말하고 난 문수보살은 유마거사가 자신의 불이의 도리를 말할 차례라고 말했다. 문수보살의 질문을 받은 유마거사는 묵묵히 아무 말도 하지 않았다. 그러자 문수보살이 말했다.

"훌륭합니다. 문자와 언어까지 여의는 것, 이것이 참으로 상대적 차별을 여의는 불이의 것입니다."라고. 이를 일컬어 '우레와 같은 침묵'이라고 말한다.

또 하나의 예로 '가장 훌륭한 설법'으로 알려진 부대사(傅大士)설법이 있다. 부대사는 서기 497~569 당나라 때의 재가불자로 이름은 흡(翕), 자는 현풍(玄風)이다. 그의 성을 따라 부대사라 불렀다. 그는 유마거사처럼 부유하지는 않았는지 낮에는 품을 팔고 밤에는 아내 묘광(妙光)과 함께 설법을 잘하기로 유명했다 한다.

어느 날 양(梁)나라 무제(武帝)가 부대사를 불러 설법을 하게 했다. 부대사는 법상에 올라가 좌정하더니 법상을 한번 쾅 치고는 곧 내려와 버렸다.

양무제가 깜짝 놀라자 옆에 있던 지공선사가 물었다.

"폐하! 잘 들으셨습니까?"

양무제는 "도무지 무슨 뜻인지 모르겠습니다."며 어리둥절해 했다. 그러자 지공선사가 말했다.

"오늘 제일 큰 법문을 했습니다."라고.

다음은 정치집회에서의 예이다. 미국 상하 양원 합동회의에서 위대한 공적을 쌓으며 초대와 2대에 걸쳐 대통령을 지낸 워싱턴 대통령이 이임을 앞두고 워싱턴 대통령에 대한 감사결의안이 통과된데 대해 워싱턴 대통령이 답사연설을 하게 되었다. 백발이 성성

한 워싱턴 대통령이 연단에 올랐다.

그러나 지나간 8년간 독립전쟁을 비롯해서 나라의 기틀을 공고하게 다지기 위한 일련의 사건들이 주마등처럼 머리를 스쳐 지나가고, 이제 오랜만에 고향에 돌아간다는 감회가 떠올라 그냥 아무 말도 못하고 서 있기만 했다. 무거운 침묵이 회의장 분위기를 눌렀다. 이윽고 한 의원이 이 침묵의 공기를 뚫고 벌떡 일어났다.

"각하! 아무 말도 하시지 마십시오. 각하! 이만으로써 우리들의 가슴은 터질 것 같습니다. 각하! 아무 말씀도 하실 필요가 없습니다."

이 말이 떨어지자 그만 장내가 터질 듯이 우레와 같은 박수가 일어났다. 워싱턴 대통령은 오랫동안 계속되는 박수 소리가 끝나는 것을 기다려 조용히 단에서 내려왔다.

이상의 세 일화는 모두가 '말없는 말'이다. 그중에는 말을 하는 사람의 하고자 하는 말이 무엇인지 못 알아들은 사람도 있을 것이다. 그런 의미에서는 그게 어찌 '금이 될 수 있느냐'고 말하는 사람도 있을 것이다. 그러나 그 효과에서는 더 클 수도 있지 않을까? 왜냐 하면 침묵 속에 오고 간 합의가 더 큰 유대로 작용할 수도 있을 것이기 때문이다.

말이란 때로는 거짓도 행해지고 과장도 있을 수 있으나 침묵은 그런 것이 배제되기도 하지만 이심전심(以心傳心) 즉 마음으로써 마음을 전하니 그 그윽하고 진실됨을 다른 무엇이 따를 수 있겠는가.

(2015. 5)

부안과 매창(梅窓)

조선조 중기, 엄격한 계급사회에서, 한 사람의 기생이 죽자 죽은 지 45년(1655)만에 그를 좋아하는 아전(지금의 공무원)들에 의해 그의 무덤 앞에 비석이 세워지고, 56년(1668) 뒤에는 개암사(開岩寺)에서 그녀의 시집이 발행되었다. 이후 1983년 8월 24일에는 매창의 묘를 전라북도 기념물 제653호로 지정하고, 2000년에는 종전의 공동묘지였던 것을 폐지, 다른 묘들은 이장하고, 16,586㎡의 면적에 시비공원을 조성했다면 이를 어떻게 보아야 할까? 그 시가 좋기도 했겠지만 이를 알아주는 주민들이 있어 역사와 함께 두고두고 읊어지고 있으니 그 지역주민의 문화의식도 높이 평가할 만하다는 생각이 든다.

매창은 조선조 선조 때의 기생이며 여류시인이었다. 기록에 의하면 그는 선조 6년(1573), 당시 부안(扶安)의 현리(오늘의 공무원)였던 이탕종(李湯從)의 서녀로 태어났다고 한다. 태어난 해가 계유년이어서 계생(癸生), 또는 계향(癸香)이라 불리기도 했다. 자(字)는 천향(天香), 또는 향금(香今)이라고도 하였으며, 첫호(初號)를 섬초(蟾初)로 하였다는 기록도 있고, 매창(梅窓)은 자호(自號)라 한다.

매창이 기생이 된 것은 당시의 태수인 우관(雨觀) 서진사(徐進士)가 태수의 권력으로 그의 정조를 빼앗았고, 서진사가 서울로 전근되자 그를 따라 서울로 올라왔으나 받아들여지지 않아 기생이 된 것으로 전해지고 있다.

매창은 재간이 많은 여인이었다. 노래와 춤은 물론 거문고도 잘 탔고, 시문(詩文)에도 능해 한시(漢詩) 100여수를 지었다고 한다. 다만 매창이 죽은 지 45년이 되는 해에 부안의 아전들에 의해 정리된 한시는 57수로 전해지고 있고, 시조로는 이화우(梨花雨) 외에 9수가 더 있다.

가무와 탄금, 그리고 시문에도 능한지라 당대의 문사들과의 교분도 두터웠는데 그 대표적인 인물이 촌은(村隱) 유희경(劉希慶)과 「홍길동전」의 저자인 교산(蛟山) 허균(許筠)이었다. 다만 두 사람 중 특히 가까이 지낸 사람은 촌은으로 서로 연인관계였으며, 그의 유일한 시조 시 「이화우(梨花雨)」는 물론 한시의 대부분이 촌은을 그리는 시라고 말하고 있다.

매창의 시조 시와 한시 중 일부를 소개하면 다음과 같다.

이화우(梨花雨: 배꽃에 비 오니)

이화우 흩날릴 제 울어 잡고 이별한 임
추풍낙엽에 저도 날 생각는가
천리에 외로운 꿈만 오락가락 하노라.

閨怨(규방 속의 원망)

相思都在不言裏　애끓는 정 말로는 할 길이 없어
一夜深懷鬢半絲　밤새어 머리칼이 반만 남아 세었고나.
欲知是妾相思苦　생각나는 정 그대도 알고 싶거든
須試金環減舊圓　가락지도 안 맞는 여윈 손 보소.

憶故人(옛님을 생각하며)

春來人在遠　봄이 왔다지만 임은 먼 곳에 계셔서
對景意難平　경치를 보면서도 마음 가누기 어렵다오.
鸞鏡朝粧歇　짝 잃은 새 아침화장을 마치고
瑤琴月下鳴　거문고를 뜯으며 달 아래서 운다오.
看花新患起　바라보는 꽃에도 새 설움이 일고
聽燕舊愁生　제비우는 소리에 옛 임 생각 솟으니
夜夜相思夢　밤마다 임 그리는 꿈만 꾸다가
還驚五漏聲　오경 알리는 물시계소리에 놀라 깬다오.

다음은 매창의 연인 유희경의 답시를 보기로 한다.

思梅窓(매창을 생각하며)

유희경

娘家在浪州　그대의 집은 부안에 있고
我家住京口　나의 집은 서울에 있어
相思不相見　그리움 사무쳐도 서로 못보고
腸斷梧桐雨　오동나무 비 뿌릴 제 애가 끊겨라.

*浪州는 부안의 옛 이름임

哀桂娘(매창의 죽음을 슬퍼하며)

허 균

妙句堪摛錦　아름다운 글귀는 비단을 펴놓은 듯하고
清歌鮮駐雲　맑은 노래는 구름도 멈추게 하네.
偸桃來下界　복숭아를 훔쳐서 인간세계로 내려오더니
竊藥去人群　불사약을 훔쳐서 인간무리를 두고 떠났네.
燈暗芙蓉帳　부용꽃 수놓은 휘장엔 등불이 어둡기만 하고
香殘翡翠裙　비취색 치마엔 향기가 아직 남았네.
明年小桃發　이듬 해 작은 복사꽃 필 때쯤이면
誰過薛濤墳　그 누구가 설도의 곁을 지나려나.

梅窓뜸

가람 이병기

돌비는 낡아지고 금잔디 새로워라
덧없이 비와 바람 오고가고 하지마는

한 줌의 향기로운 이 헐리지를 않는다.

이화우(梨花雨) 부르다가 거문고 비껴두고
등 아래 홀로 앉아 그 누구를 생각는가
두 뺨에 젖은 눈물이 흐르는 듯하구나.

이화우(梨花雨) 부르다가 거문고 비껴두고
그리던 운우(雲雨)도 스러진 꿈이 되고
그 고운 글 발 그대로 정은 살아남았네.

*전라북도 부안지방에서는 묘지를 뜸이라고 부르고 있다.

아름다운 시가 많이 전하나 지면이 허락되지 않아 마무리함이 유감이다. 다만 엄격한 계급사회에서 천민이라 할 수 있는 한 기생의 시가 당시의 공무원들에 의해 전해져 340여 년이 지난 지금에도 즐겨 읽혀진다는 것은 무엇을 말하는 것인가? 그동안 부안에서 태어나 한 세상을 살다간 사람 중에 아직도 많은 사람들에게 잊혀지지 않는 사람은 몇이나 될까? 글을 쓴다는 것의 의미를 다시 한 번 생각게 한다. (2016. 2)

나는 대한민국

'나는 대한민국', 이 말은 광복 70주년을 맞는 우리의 국영방송 KBS 1TV가 지난 8월 15일을 전후해서 전문 음악인도 아니면서 음악에 소질 있는 국민을 합창단원으로 선발 참여시켜 활동하게 함으로써 참가한 본인은 물론 시청자에게도 흥분과 애국심의 고취에 크게 기여한 브랜드 성 프로그램이었다.

내가 처음 이 프로에 접하게 된 것은 지난 7월 중순 KBS 1TV의 '인간극장'에서였다. 올해로 만 70세가 되는 남녀로 구성된 합창단이 유엔본부에 가서 공연을 목표로 연습을 하는 프로였다. 모두 머리가 희끗희끗한 노인들이 하나의 단원으로서 화음을 맞추기 위해 노력하는 광경이 너무나 보기 좋았다.

남녀가 다 같이 '나는 대한민국'이라고 씌어진 조끼를 입고, 즐거운 표정으로 노래연습을 하는 광경이 무척 부러웠다. 더구나 전문음악인도 아니면서 미국에까지 가서 유엔본부에서 유엔 회원국 대표들 앞에서 합창공연을 한다는 것은 일신상의 영광이고 자서전을 쓴다면 대서특필로 장식될 사건이었다. 또 이를 계기로 아마 대한민국의 국민으로서의 자부심도 크게 향상되었을 것임을 미루어 짐작할 수 있는 일이었다. 그리고 유니폼으로 입었던 '나는 대한민국'이라고 새겨진 조끼는 훗날 자손들에게 남겨질 유물이 되기에 충분하리라는 생각을 해본다.

다음은 가수 이선희가 지도한 합창단이다. 역시 해방둥이들로 구성된 남녀혼성합창단이다. 노래곡목 자체가 이선희 가수의 노래가 대부분이었지만 애국심을 고취시키는 곡목들로 단원 각자가 화음을 맞추기 위해 애쓰는 모습은 참으로 흐뭇한 광경이었다. 그리고 특이한 일은 그 합창단원 중에는 가수 이선이의 학창 시절의 담임선생님도 합창단원으로 참여했다는 사실과, 월드컵 경기장에서의 공연 때에는 중간에 박근혜 대통령도 참가해 같이 합창을 하여 분위기를 한껏 드높였다는 사실이다.

다음은 노량진 시장 상인과 여야당의 수장을 포함한 국회의원 14명이 참가한 합창단이다. 노량진 시장은 생선이 주매물인데 일시 생선 파는 일을 멈추고 합창단원으로 참가하여 수만 명의 관객과 수백만 명의 TV시청자들 앞에서 노래를 하다니, 어디 꿈에나 꿀 수 있는 일인가? 그런데 그들도 생업을 마다 않고 열심히 연습에 참가하는 모습을 보면서 저들 또한 평생을 통해 잊을 수 없는 일로 각인되고, 이번의 기회를 통해 애국심이 훨씬 도타워졌을 것이라는 것을 생각해 보았다.

이 밖에도 몇 개의 합창단이 더 있으나 성격상 같으므로 더 소개를 그만 두나 어찌했든 이들 합창단의 활동이 소개되면서 각지 심지어는 군대에서조차 합창단 활동이 활성화되는 것을 뉴스를 통해 시청하면서 이 프로야말로 얼마나 성공적이었는가를 새삼 느끼게 되었다. 그리고 국영방송이야말로 이런 프로를 방영해야 한다는 것을 새삼 인식하면서 이 프로의 발상을 누가 했는지 이는 훈장을 수여할 만한 일이라고 생각되었다.

그래서 나는 일부러 KBS 1TV를 방문, 도대체 누가 이 멋지고 훌륭한 프로그램을 기획을 했는지, 그리고 그 사업개요를 줄거리로 한 수필소재를 얻어야겠다는 생각에서였다. 그때가 8월 13일, 퇴근시간이 임박한 시간이기도 했지만 성격상 외부에 내놓기가 적당치 않아서인지 자료를 얻어오지 못했다.

마침내 8월 15일, 마포 월드컵경기장에서의 대공연일이다. 여기서는 비음악인 합창단의 공연에 이어 전문음악인들의 공연도 있었지만 '나는 대한민국'의 분위기는 이어져 청중은 물론 TV 시청자에게도 전달되어 광복 70주년을 맞는 국민들로 하여금 애국심을 고양시키는데 큰 기여를 했다고 생각된다.

그 후 2개월 여, 어쩌면 그 여운일지도 모르는 일이 생겼는데 한국문인협회에서 발행되는 「계절문학」의 제호가 「한국문학인」으로 바뀌어 발행되었다는 것이다. 「계절문학」도 물론 한 문학지의 제호로 나무랄 것이 없지만 사람의 의지를 자극하여 일정한 목적의식을 갖게 하는 것은 아니므로 제호를 바꾸게 된 것은 아닌가 하는 생각이 든 것이다.

이상 '나는 대한민국'이라는 합창단의 행사가 성공적으로 마쳤다고 생각하면서 이 프로가 성공할 수 있었던 요인은 '나는 대한민국'이라는 애국심을 고취시키는 어취(語趣)를, 대규모 합창행사로 시행한 데에 성공의 요인이 있었지 않았을까 하는 것이다. '나는 대한민국'은 다른 말로 하면 '내가 대한민국'의 다른 표현으로, 그 나름대로 좋은 표현이지만 합창음악과 결부되어 대대적으로 시행함에 따라 합창단원은 물론 시청자들까지 부러움의 대상이 되어 성공하지 않았겠는가 하는 생각이다.

(2016. 3)

해병대문화

「해병대문화*」 해병대 신병 1,000기째가 되는 날을 기해 2005년 6월 20일 조선일보 고정칼럼 「만물상」에 정중현 논설위원이 쓴 칼럼 제목이다. 나는 신문에서 이 칼럼제목을 보는 순간 '아하! 누군가 언젠가는 다루게 될 주제를 이 논설위원이 먼저 쓰고 있구나.' 생각하면서 스크랩을 한 일이 있다. 그렇다. 해병대 나름의 문화라 할 만하기 때문에 붙여진 용어라 할 수 있다.

내용을 요약하면 다음과 같다.

요즈음 해병대 지원입대 경쟁률이 310대 1에 이르는데 체력테스트에서 떨어지는 경우 7수까지 해서 입대하고 있다. 그 흡인력이 무엇일까? 그 까닭을 다음과 같이 열거하였다.

① 쉽게 선택할 수 없는 해병대에서 젊음을 단련시키고 싶다.

② 불굴의 해병대정신을 배워 후회하지 않는 사회생활을 하겠다.

③ 끈끈한 전우애와 사나이다운 의리가 개성과 정열이 넘치는 젊은 층의 욕구와 맞아떨어지는 모양 같다.

최근 우리 사회의 경향으로 '기업들이 해병대정신으로 극기훈련을 하는 연수회와 전략캠프까지 열고', '여자농구선수들이 지옥훈련으로 슬럼프를 극복' 하는가 하면, '여대생들을 위한 특별훈련', '가족끼리 병영체험 프로그램'까지 실시되고 있으며, 전역 후에도 '영원한 해병대상'을 확립하고 있다고 평하고 있다.

가히 하나의 문화현상으로 규정할만 하지 않은가? 필자는 병 14기로 6·25 당시 참전한 퇴역 해병대원의 한 사람이다. 따라서 위의 글을 읽으면서 뿌듯하고, 흐뭇한 감회와 함께 이렇게까지 발전시켜온 후배들이 자랑스럽고 고마운 마음을 표하고 싶은 심정이다. 그리고 아울러 이러한 문화가 형성된 해병대 나름의 정체성이 무엇인가에 대해 생각해 보았다.

그러면서 떠오른 것이 상륙작전이었다. 상륙작전은 해병대만의 작전영역이다. 상륙작전에는 후퇴가 없다. 오로지 전진만이 있을 뿐이다. 일단 병력을 싣고 온 함선은 병력을 내려놓고는 공해상으로 후퇴하기 때문이다. 상륙한 해병대는 후퇴하려고 해도 할 데가 없다. 후면은 바다이기 때문이다. 그래서 전통적으로 해병대는 강한 훈련을 통해 심신 공히 강한 군인으로 육성하지 않을 수 없다. 그것이 해병대문화의 원천은 아닐까 생각해 보는 것이다.

2005년, 재향군인회관에서 있었던 해병대 중앙전우회 신년교례회 때의 일이다. 지난 1년간의 회고와 함께 전우회가 걸어 온 발자취를 보고하는 순서에서 2004년 동남아에서 있었던 쓰나미 자연재해현장에 가서 우리 해병대 전우회원들이 NGO(비정부기구)활동의 하나로 구조활동을 전개하고 왔다는 보고를 받은 적이 있다.

그때의 느낌이다. 나는 우리나라 다른 군 또는 다른 나라 어떤 예비역 군인들로 구성된 단체가 그 쓰나미 현장에 가서 구조활동을 하였는지 모른다. 그러나 아무튼 우리 후배들이 그런 활동을 하고 왔다니 얼마나 자랑스러운 일인가?

한 나라의 군 예비역 장병들이 지구촌 차원에서 멀고 먼 외국에까지 가서 위급한 상황에 처한 난민을 구조하는 활동을 전개하고 왔다는 것, 이만 하면 '해병대문화'라는 제목으로 지구촌에서도 회자될 만한 일 아닐까?

가끔 외출을 하느라 지하철을 타면 팔각모에 빨간 명찰을 단 해병대 현역 후배들을 만날 때가 있다. 그때마다 나는 일부러 말을 건다.

"해병대네!"라고.

그러면 그 해병대 후배는 씩씩한 어조로 말한다.

"네 그렇습니다."

나는 다시 말한다.

"나는 병 14기요."

그 후배는 절도 있는 동작으로 경례를 붙이면서 외친다.

"충성! 대선배님 반갑습니다."

열차 안 가까운 곳의 손님들이 무슨 일인가 눈길을 돌린다. 그리고는 회심의 미소를 짓는다. 이때 나의 감정은 고조된다. 이 멋있는 젊은이가 나의 후배로구나 하며…. 그러면서 시간이 있으면 소주라도 한 잔 나누고 싶은 충동을 느끼는 것이다.

어느 택시운전을 하는 예비역 동료는 해병대복장을 한 현역 후배에게 택시요금을 받지 않았다던가? 그리고 언젠가 들은 말이지만, 우리나라에 3대 불가사의가 있는데, '호남향우회 · 고대동창회 · 해병대전우회는 절대로 없어지지 않는다.'라는. 그래서 '한번 해병이면 영원한 해병'이라는 말도 생겨났을 테고….

문화는 어떻게 형성되는가? 사회적 공동선을 위하여 공통적인 의지가 지속적으로 이어져 인류에게 유익한 결과를 가져올 때 형성되는 것 아니겠는가?

오늘도 우리들의 후배 현역들은 국방의 의무를 선봉에서 수행하는 한편 예비역은 예비역대로 119구급차 운영, 지역 행사장의 교통정리 보조활동, NGO활동 등으로 해병대문화를 엮어가고 있다. 모두 다 명예스러운 대한민국 해병대의 전통으로…. 그 전통 길이 길이 이어지기를 바란다. (2015. 6)

예술과 노후생활

얼마 전 옛날에 상사이면서 대학의 교수가 되어 상당한 기간 교수생활을 하다 지금은 명예교수로 있으면서 가끔 강의도 하는 한편 80이 다 된 노령임에도 계속해서 저술활동을 하고 있는 분을 방문한 일이 있다. 몇 가지 요즘 하는 일과 관련 이야기 끝에 교수들의 상당수가 퇴직 후 할 일이 없어 대부분이 집에 죽치고 있는 형편이라는 것이었다.

일단 학교를 떠나면 누가 찾아오기는커녕 전화조차 오지 않아 고작 할 일이라는 것이 친구들과 등산하는 일이라는 것이다. 그래서 계속해서 집필활동이라도 할 수 있지 않느냐고 했더니 그 학교의 강사를 포함해서 교수 400명 중 10명 정도가 자기 저서가 있을 뿐인데 더구나 퇴직을 한 후 책을 쓴들 누가 사서 보겠느냐는 것이었다.

나는 이 이야기를 들으면서 나의 경우를 돌아보았다. 나는 너무나 할 일이 많아 매일 거의 새벽 2시가 되어야 잠자리에 든다. 나의 탁상 달력에는 고정된 일정이 다달이 올려 진다. 수요일과 금요일은 한시를 배우러 다니고, 금요일 저녁에는 참선을 하러 가며, 한 달에 한 번씩은 법회 참석과 지역문인회 정기 '시와 산문 낭송회'에 다녀와야 하고, 또 남산 한옥촌에서 있는 '한시학회 모임', 그리고 시동인회와 수필동인회 모임에 참석한다.

일정 중 월요일, 화요일, 목요일이 비는 경우가 많으나 이 때는 한시 짓기 또는 한시 해석 숙제를 하느라 주당들이 모이는 모임에도 못나가 '왕따'를 당하는 형편이다. 그밖에 또 한 가지가 있는데 내가 사진작가로서 지역회원 모임에도 참석해야 하는가 하면 야외 촬영에 나가는 경우도 있고, 문인회 등의 행사사진을 찍어서 이를 현상 인화의뢰하고 사진을 찾아 가져다 주거나 우편으로 송부하기도 한다.

뿐만이 아니다. 동인들 모임에는 작품을 가지고 나가야 하므로 틈을 내어 작품을 써야 하고, 한 달이면 수필집 또는 시집이 4권 정도 배달되어 오므로 이에 대한 답례로 나의 작품을 우송해야 한다. 다행이라고나 할까 내 나이 78세이지만 아직은 건강이 허락되어 별 지장 없이 이상의 일정을 계속하고 있다.

이상은 나의 생활주기를 소개한 것이지만 만약에 내가 예술적 소양이 없었다면 사진활동이나 문인활동을 하게 되지 않았을 것이라는 생각을 하면서 변변치는 않으나 그런 소양을 가지고 태어나게 한 부모님께 감사하고 있다.

그리고 예술활동은 과격한 운동이 필요치 않으므로 늙어서도 건강이 허락하는 한 계속 할 수 있다는 데에 노후생활과 관련, 강점이 된다는 것이다. 그러면서 덧붙여서 이야기 할 수 있는 것은 예술 활동에는 남녀노소가 같이 활동하므로 젊은 감각을 느낄 수도 있다는 것이다.

그래서 그런지 요즘 문학행사에 가보면 신인으로 등단하는 사람 중 상당수가 교직 등 공직에 근무하다 정년퇴임하고 새로이 출발하는 사람 수가 부쩍 눈에 띄어 다행스럽게 생각하고 있다.

누구나 다 경험하는 사실이지만 매일같이 출퇴근을 하다가 갑자기 아무 할 일도 없어 맥 놓고 집에만 쳐 박혀 있을 경우 얼마나 답답한 일인가. 내가 아는 어떤 교장선생님 하던 분은 퇴임하고 나서 오카리나 연주를 공부하고 있는데 얼마 전에 가 봤더니 노인들로 구성된 연주단을 이끌고 있었다. 역시 늙었다고 해서 힘에 부치는 일도 아니고 음악을 하며 때로는 사회복지시설을 방문, 연주회도 열어 외로운 노인들을 위로하고 있으니 나름대로 보람도 있다고 생각되었다.

그리고 서울의 구청장까지 역임한 사람이 지금은 중견화가가 되어 벌써 여러 차례 개인전, 단체전을 여는가 하면 해마다 자기가 그린 그림을 넣은 달력을 만들어 연말이면 연하장 대신 돌리기도 하니 이 얼마나 멋있는 노후생활인가.

그런가 하면 서예를 하여 작품을 써서 출품을 하는 한편 자손들에게 병풍을 만들어 전하여 두고두고 가보로 전할 수도 있을 것이니

예술이라 하여 그리 어렵게만 생각할 일도 아니다. 꼭 수작(秀作)을 내어야만 하는 것도 아니다. 다만 기왕이면 정성을 다함으로써 작품 수준도 향상이 되고 인생을 헛되게 살지 않으면 되는 것이다.

사진은 사진대로의 재미가 있다. 사진을 하려면 부지런해야 한다. 왜냐 하면 광선이 좋을 때 촬영해야 하기 때문이다. 사진을 하면 좋은 풍경사진을 찍기 위해 장거리 여행을 해야 하는 때도 있고, 또 놀이마당 등 야외공연장을 찾아가 놀이문화도 찍고, 아기자기한 꽃 사진도 찍어 액자에 넣어 거실 등에 걸어 실내분위기를 변화시킬 수도 있다.

이상 몇 가지 분야의 예술활동이 노년생활과 어떠한 관계가 있는가에 대해 말했지만 공통적인 것은 창조적인 성질이 있다는 것이다. 어느 것이건 하다 보면 좀 더 잘해보려는 욕심도 생겨 관계 부문의 서적을 구해보기도 하고 전시회에도 찾아가 남의 작품을 감상도 하노라면 그만큼 식견과 조예도 높아져 작품활동에 참고가 되고, 마음이 젊어져 건강에도 결코 좋을 것임에 틀림이 없다.

나는 하루에 몇 번씩 출근을 한다. 출근이라야 아래층에서 위층의 내 서재로 30여 보 이동하는 것이지만 일단 내 공간으로 올라가면 일거리가 수북하게 나를 기다리고 있다. 물론 그렇다고 돈 한 푼 생기는 것은 아니지만 일을 한다는 것은 바로 삶의 의미 그 자체가 아닐까? 그리고 그 결과가 건강에도 이롭다면 더욱 바람직한 삶이 아니겠는가? (2014. 3)

4부

불교공부를 하며

마음이란 무엇인가

만약에 '마음이란 무엇이라고 생각하십니까?'라고 물었을 때 '마음이란 이러 이러한 것을 말합니다.'라고 대답할 수 있는 사람은 얼마나 될까? 모르긴 해도 아마 천분의 일도 되기 어려울 것이다. 생각해 보면 모든 행동에는 그 행동을 하고자 하는 마음이 있고나서 행해지는 것이라면 엄청 중요한 것이련만 실제로는 대부분의 사람들이 마음이 무엇인지 모르고 살고 있다고 생각할 때 이 또한 불가사의한 일이라고 해도 지나친 말은 아닐 것이다.

왜 그런 현상이 일어났을까? 아마 그 까닭은 마음이라는 것이 하나의 물체와 같이 모양이 있는 것이 아니고, 교육과정을 통하여 가르치지 않아서이고, 그것을 모른다고 해서 삶을 영위하는데 불편을 느끼지 않았기 때문일 것이다. 그래서 특정한 부류의 사람 즉 수행자들 외에는 별 관심을 기울이지 않았기 때문이 아닐까 생각된다. 필자 나름대로 마음의 실체에 대하여 알아보기로 한다.

먼저 문헌에서의 마음의 정의에 대하여 알아본다.

「철학사전」

한국어판 중원문화사간 「철학사전」에는 '마음'에 관한 항목이 없었다.

일어판 平凡社刊 「哲學事典」에는 '마음 없는 심리학'이라는 항목을 설정하고 '근세에 와서 심리학이 과학적이 되기 위해서는 설명근거로서의 마음, 실체개념으로서의 마음을 버리지 않으면 안 된다는 것이 제창되기에 이르렀다.'면서 정의내리기를 외면하고 있다.

「심리학사전」

코퍼스 기반 한국어 도서출판 학예사 간 「심리학사전」을 조사한 바 '마음'이라는 항목이 없었다.

박학사 간 양돈규 저 「心理學辭典」을 조사한 바 역시 '마음'에 관한 항목은 없었다.

「국어사전」

국어국문학회편 「국어새사전」

1. 사람의 지(智), 정(情), 의(意)의 움직임. 또 그 움직이는 근원 (옛날에는 가슴에 있다고 생각했음).
2. 생각하고 있는 일. ※네 마음을 모르겠다.
3. 선악(善惡)을 분별하는 힘.
4. 기분. ※ 마음이 상쾌하다.

5. 인정 ※ 마음이 후한 사람
6. 의미. 의의 ※그 글의 마음을 모르겠다.
7 성의(誠意). ※마음껏 하다. 나는 어머니의 마음으로 그것을 이루었다. 마음은 굴뚝같다.

「漢韓大字典」

民衆書林 간 「漢韓大字典」에서의 '心'자를 찾아보면 다음과 같이 적혀 있다.

心 마음 심- 지·정·의(知·情·意)의 본체. 의식. 정신. 뜻. 의미.

다음 知·情·意 석 자를 조사해 본 바 다음과 같이 기록되어 있었다.

知 1. 알지. 깨달음. 감각함. 변별함. 기억함. 서로 앎. 사귐. 친함
情-1. 뜻 정. 사물에 감촉되어 일어나는 마음의 작용
2. 정성 정. 성심. 성의
3. 욕 정. 욕망. 사리(私利)
4. 인정 정. 사람이 선천적으로 가지고 있는 마음
5. 사랑 정. 남녀 간의 사랑. 연모하는 마음
6. 심정 정. 마음의 정황.
7. 실상 정. 실제. 사실. 진상
8. 사정 정. 형편. 상태
9. 멋 정. 정취. 취미. 재미
10. 이치 정. 조리
11. 참으로 정. 진실로. 주로

意-1. 뜻 의. 마음의 발동. 생각. 私心. 글이나 말의 뜻. 정취
2. 뜻할 의. 생각함
3. 의심할 의
4. 헤아릴 의. 추측
5. 생각컨대

다음은 동양의 고전인 「大學」에서의 마음에 관한 기술이다. 「大學」 第六章에 의하면 개념 정의는 없으나 마음이라는 것이 어떤 것인지에 대하여 소상하게 기술하고 있다.

心不在焉이면 視而不見하며 聽而不聞하며 食而不知其味니라.

해석하면 '마음에 있지 아니하면 보아도 보이지 않고, 들어도 들리지 않고, 먹어도 그 맛을 모르느니라.'

다음은 불교에서는 마음을 어떻게 보고 있는가 하는 것이다. 불교는 '마음의 종교'라 할 만큼 일찍부터 마음에 관한 인식이 발달해 왔다. 그것이 유식학(唯識學)인데 A.D 4세기경 인도의 무착(無着), 세친(世親) 형제에 의해 연구 발전되었다.

그 개요를 보면, 인간의 의식은 전오식(前五識), 제육의식(第六意識), 제칠말나식(第七末那識) 제팔아뢰야식(第八阿賴耶識)으로 구성되어 있다고 말했다. 각 의식의 기능을 보면 다음과 같다.

먼저 전오식(前五識)에 대해서이다. 전오식(前五識)은 눈, 귀, 코, 혀, 몸뚱이 등 다섯 개의 감각기관에 의한 알아차림을 말하는 것

으로, 눈에 의해 알아차리는 것을 안식(眼識), 귀를 통해서 알아차리는 것을 이식(耳識), 코를 통해서 알아차리는 것을 비식(鼻識), 혀를 통해서 알아차리는 것을 설식(舌識), 몸의 접촉을 통해서 알아차리는 것을 신식(身識), 이렇게 다섯 개의 기관을 통한 알아차림이므로 전오식(前五識)이라고 한다.

다음은 제육의식(第六意識)에 대해서이다. 제육의식은 전오식을 종합하여 알아차릴 뿐 아니라 독자적으로 어떤 주제에 대하여 생각하기도 하고, 제팔아뢰야식에도 의지하여 생각하고 판단한다.

제칠말나식(第七末那識)에 대해서이다. 제칠말나식은 자아의식이라고도 한다. 외부에서 들어온 모든 정보를 자아와 관련시켜 생각하고, 또 제팔아뢰야식에도 의지하면서 사량(思量)한다.

제팔아뢰야식(第八亞賴耶識)에 대해서이다. 제팔아뢰야식은 전오식, 제육의식, 제칠말라식의 뿌리가 되는 잠재의식(潛在意識)으로서 전생에 쌓은 종자식(種子識)과 금생에 쌓은 종자식을 합한 업식(業識)이다.

이상은 인간의 의식의 구성에 대하여 알아본 바 그러면 이들 의식은 어떤 과정을 거쳐 알아차리게 되는가 하는 것이다. 여기에는 색(色), 수(受), 상(想), 행(行), 식(識) 등 다섯 가지 과정을 거치는데 색(色)은 몸뚱이를 말하고, 수(受)는 외부로부터의 정보를 받아들이는 것이고, 상(想)은 받아들인 정보를 생각하는 것이고, 행(行)은 생각해본 것을 행하는 것이고, 식(識)은 행한 바에 따라 확실히 판단해서 얻은 것이다.

이상 문헌에 등제된 마음의 개념을 알아본 바 유식학(唯識學)의 경우 마음의 발생계기, 마음의 작동과정, 자아의식의 형성과정, 잠재의식을 업식으로 본 점 등은 마음개념정립을 위해서는 물론 청정한 마음을 갖게 하는데 지침이 될 수 있다 할 수 있다.

그런데 이상은 주로 인간의 마음에 대해서이고 인간 이외의 동·식물, 광물에게도 마음이 있다는 의견도 있다. 「宇宙心과 정신물리학」의 저자 이차크 벤토프는 말한다. "의식이란 어떤 자극에 대한 조직체의 반응능력이라고 말할 수 있다."고 말하고, 마음의 진화단계에 따라 광물계를 최저층으로 해서 그 위에 식물계, 동물계, 인간계, 아스트랄계, 정신계, 인과계, 절대계 등 8단계가 있다고 말한다.

그리고 「의식혁명」의 저자 데이비드 호킨스에 의하면 '행동운동역학' 이론에서 "물질적인 자극뿐 아니라 감정적이고, 지적인 자극에도 근육이 강화되거나 약화된다는 놀라운 사실을 발견했고, 미소는 근육을 강화시키고, 나는 너를 미워한다는 말은 근육을 약화시켰다."고 말한다.

또한 「물은 답을 알고 있다」의 저자 에모토 마사루(江本勝)의 실험결과 즉 물 사진을 찍으면서 좋은 음악이나 좋은 그림을 보여주었을 때에는 물의 원형인 육각수로 사진이 찍히고, 나쁜 소리나 어지러운 그림을 보이면서 찍은 사진은 어지러운 형상으로 찍혔다는 것이다. 이렇게 볼 때 사람에게만 마음이 있다는 견해는 너무 단견이 아닐까 하는 생각을 하게 한다.

이상 마음의 개념에 대하여 알아본 바 끝으로 나와 내 마음과의 관계는 어떻게 보아야 할 것인가 하는 것이다. 이에 대하여는 우리가 무언가 행동할 때 대체로 내가 무엇을 한다는 의식 하에 하지 않고 무의식 하에 행한다는 것을 볼 때 '마음이 바로 나다'라고 해도 지나친 말은 아닐 것이다.

다만 여기서 한 가지 덧붙이고자 하는 것이 있다. 성인(聖人)의 경우 나와 나의 마음이 항상 일치한다는 것이다. 「論語」에 의하면 공자님께서 가장 아끼는 안회(顔回)에 대한 이야기가 나오는데 "공자께서 말씀하시되 안회는 그 마음이 석 달을 인(仁)에 어긋나지 아니하고, 그 나머지는 하루나 한 달에 한 번 인(仁)에 이를 뿐이다."라는 말이 나온다.(子曰 回也 其心 三月不違 其餘則日月至焉而已矣)

그리고 불교에서도 성불한다는 것은 어떠한 경우에도 그 마음에 걸림이 없는 인격을 의미하는 것이라고 할 때 그러한 정신의 경지는 우주심과도 일치한다고 보아야 할 것이다.

아울러 '모두가 마음이 만드는 것(一切唯心造)'이고, '마음 밖에 부처 없다(心外無佛)' 했으니 마음이야말로 사람에게 가장 중요한 것으로 애써 닦아야 할 일 아닐까?

(2004. 5)

찾아도 없는 마음

참선수행자에게 가장 물리치기 어려운 것이 번뇌와 망상이다. 화두를 드는 경우 쓸 데 없는 번뇌와 망상이 일어나 화두를 놓치기 때문이다. 세상 인연으로 여기 저기 얽혀있는 사건들이 스스로도 모르는 사이에 끼어 들어와 들고 있는 화두에 대신하여 엉뚱한 생각에 빠져들게 됨을 수없이 경험하기 때문이다.

그러면 그토록 괴롭히는 번뇌 망상이라는 것의 실체는 있는 것인가 하면 그렇지도 않다. 무엇이 있으려면 형상이 있어야 하는데 번뇌와 망상은 형상이 없으니 잡아낼 수도 없다. 그렇다고 없다 할 수 있는가? 하면 그렇지도 않다. 왜냐 하면 번뇌와 망상도 나의 마음이기 때문이다. 내가 이 글을 쓰고 있는데 이 글을 쓰겠다는 마음이 있었기 때문이니 어찌 없다 하겠는가? 겉으로는 존재하지도 않는 마음이 나의 모든 것을 좌지우지하고 있으니 이것이 문제인 것이다.

중국선종사(中國禪宗史)를 공부하다 보면 달마대사의 법을 이은 혜가대사의 이야기가 나온다. 혜가의 속명은 신광(神光). 달마대사를 찾아온 신광은 제자로 받아들여 줄 것을 간청했으나 달마는 들은 척도 하지 않았다. 눈이 오는 밤, 마당에서 꼬박 밤을 새우며 버티고 서 있는 신광에게 달마가 말했다. "천하에 붉은 눈이 내릴 때 내 너를 나의 사법제자로 인가해 주마."라고.

신광이 이 말을 듣자 퍼뜩 한 생각이 떠올랐다. 자고로 눈은 흰색이니 붉은 눈이 내린다는 것은 있을 수 없는 일. 그렇다면 눈을 붉게 물들이면 되겠구나, 그 생각이 떠오르자 차고 있던 계도(戒刀)를 뽑아 자기의 왼팔을 잘라 피가 떨어져 눈을 덮어 붉은 눈을 만들었다는 것이다.

그러고 나서 얼마 후 달마대사와 신광 간에 주고받는 법거량(法擧揚)이다.

신광: "저의 마음이 불안하니 저의 마음을 편안케 해 주십시오."
달마: "그러면 그대의 마음을 가져 오너라."
신광이 자기의 마음을 아무리 찾아보아도 찾을 수가 없었다.
신광: "아무리 찾아보아도 찾을 수가 없습니다."
달마: "내 이미 너의 마음을 편안케 해 주었다."

없는 마음을 어찌 편안케 해줄 수 있단 말인가? 아니 어떤 사람이 다른 사람의 마음을 좌지우지 할 수 있는 일인가? 그럴 수는 없는 일이다. 편안하게든 불편하게든 어떤 사람의 마음이야 당사자 스스로가 변화를 가져온다는 것은 몰라도 남이 어떻게 할 수는 없는 일이다. 그럼에도 불구하고 달마대사가 신광에게 "내가 이미 그대의 마음을 편안케 해 주었느니라."라고 말하는 것은 무언가 다른 뜻이 숨겨져 있는 것은 아닐까?

그렇다고 어떤 사람이 다른 사람의 마음을 변화시킬 수 없다 할 수 있을까? 변화시킬 수도 있다고 보아야 할 것이다. 그 사람의 마음의 문이 열려 있어 화자의 마음을 받아들일 수만 있다면. 그래서 감동이라는 것이 있고, 예술이라는 것이 있는 것 아니겠는가?

그런데 달마대사는 신광에게 마음을 가져오라고 하고 가져오지 못하자 "내가 이미 그대의 마음을 편안케 해 주었느니라."라고 말하고 있으니 이를 어떻게 받아들여야 하는 것일까? 도대체 마음이란 어떤 성질의 것이기에 신광은 달마대사를 찾아가 자기 마음의 신표로 자신의 한 팔을 잘라가며 그 마음을 편안케 해달라고 하였으며, 달마대사는 신광에게 "내 이미 너의 마음을 편안케 해주었다."라고 말한 것일까?

마음의 성질을 생각해 본다. 마음은 형색이 없다. 선사들은 말한다. 마음은 허공과 같은 것이라고. 허공에 형상과 빛깔이 없듯이 마음에도 형상과 빛깔이 없다. 모양과 빛깔이 없기 때문에 그 쓰임새가 무궁무진하다. 모나면 모난 대로만 써지고, 둥글면 둥근 대로만 써지겠지만 마음은 형상이 없기 때문에 어떤 형상에도 쓰일 수가 있다. 어떤 특정한 색깔을 가지고 있지 않기 때문에 어떤 색깔에도 어울려 써질 수가 있는 것이다.

또 허공은 텅 비어 있다. 비어 있기 때문에 무엇이든 담아낼 수가 있다. 만약 허공이 비어 있지 않으면 허공일 수가 없고 그렇게 되면 그 유용성은 없어질 수밖에 없다. 다만 중생의 마음은 비울 수가 없는 것이 문제일 뿐이다.

그러나 텅 비어 있는 것 같으면서도 엄청난 역할을 한다. 진공모유(眞空妙有)라는 말을 하는 것도 그런 뜻에서의 비유일 것이다. 텅 비어 아무것도 없을 것 같으면서 실은 엄청 중요한 일을 하고 있는….

마음은 잠시도 머물러 있으려고 하지 않는다. 우리가 무엇엔 가에 집중하려고 해 보면 알 수 있다. 참선 명상이 그렇다. 화두를 드는 경우 번뇌 망상으로 들고 있던 화두는 알지도 못하는 사이에 도망가 버리는 것을 알 수 있다.

마음의 이동속도는 이 세상 무엇보다도 빠르다. 빛의 속도가 빠르다고 하지만 마음의 속도는 마음을 먹는 순간 벌써 가 있는 것이니 마음의 이동속도보다 빠른 것은 없을 것이다.

마음은 크기와 작기를 자유자재로 한다는 것이다. 그래서 삼천대천세계를 겨자씨 속에 넣을 수도 있다고 말한다.

마음은 이기적이라는 것이다. 물론 마음이 이타적일 수도 있지만 이타적일 때는 어떤 각성에 인한 경우이고 평상시에는 본능과 결부되어 이기적인 경우가 압도적으로 많다고 보아야 할 것이다.

아마 사람의 마음이 이기적이게 되는 까닭은 탄생 후 생존본능에 따른 환경적인 여건이 만들어 주기 때문일 것이다.

마음은 주인공의 역할을 한다는 것이다. 사람이 무엇을 한다는 것은 하기 전에 마음의 작용이 선행한다는 것을 알 수 있다. 따라서 좋은 마음을 가진 사람은 좋은 행동을 하고, 좋지 못한 마음을 가진 사람은 좋지 못한 행동을 한다고 말할 수 있다.

이상 마음의 성질에 대해 생각해 보았지만 한마디로 말해 마음이야말로 쓰기에 따라서는 엄청난 영향력을 가진 존재임을 알 수 있다. 그래서 일체유심조(一切唯心造)라는 말이 생겼고. 다만 그 마음을 주인공인 각자가 어떻게 다루느냐에 따를 뿐. 그래서 '곧 마음이 부처(卽心是佛)'이기도 하고….

(2006. 5)

업(業)

화담 서경덕 선생이 길에서 울고 있는 한 젊은이를 만났다. 수상히 여긴 선생이 물었다.

"자네는 왜 여기서 울고 있는가?"

젊은이가 대답했다.

"저는 다섯 살 때 병으로 앞을 못 보게 된 후 15년이 지났습니다. 그런데 우연히 오늘 아침 길을 걷다가 갑자기 눈이 환하게 밝아져 모든 것을 보게 되었습니다만 눈을 뜨고 보니 내 집을 찾아갈 수가 없는 것입니다. 대문을 봐도 다 그게 그것 같아 도무지 어느 대문이 우리 집 대문인지 알 수가 없어서 찾아갈 수가 없습니다. 무슨 방법이 없을까요?"

선생이 말했다.

"그러면 다시 눈을 감아보게!"

다시 눈을 감으니 집을 찾아가는데 문제가 없었다고 한다.

TV에서 '동물의 왕국' 프로를 보노라면 악어나 거북이 새끼가 부화하면 틀림없이 강이나 바다를 향해 열심히 기어가는 것을 볼 수 있다. 절대로 육지 쪽으로는 가지 않는 것이다. 연어도 마찬가지이다. 새로이 태어나 부모로부터 어떤 지시나 경험을 쌓은 적도 없는데 먼 바다로 나갔다가 산란기가 되면 태어난 곳으로 돌아오게 마련이니 말이다. 개는 또 왜 본능적으로 주인집을 지키려 하는지….

어찌하여 그럴 수 있는 것일까? 앞의 이야기에서는 원래는 잘 볼 수 있는 눈이었는데 중간에 어떤 이유로 실명을 하여 볼 수가 없게 되었다가 다시 보게 되었으나, 이번에는 앞을 보지 못하던 습관으로 인하여 앞을 보게 되었을 때 오히려 장애가 생긴 예이고, 뒤의 이야기는 태어나자마자 본능적으로 취하는 행동으로 나타난 현상을 말하는 것이다. 과연 과학자들은 이런 현상을 어떻게 설명하는지 궁금하다.

그것이 단순히 본능 때문이라면 앞의 이야기에는 설명이 안 된다. 혹시 위의 두 이야기에서 인생을 단 한 번의 생이 아니라 윤회로 보는 것의 이유가 되는 것은 아닐까? 그리고 전생에서의 경험이 DNA를 통해 유전되기 때문이라고.

불교에서는 윤회를 인정한다. 그리고 인과론의 입장에서 업을 말한다. 이를테면 금생에 이렇게 사는 것은 전생에 그에 상당한 업을 쌓았기 때문이라고. 그래서 큰 스님들의 법문을 들어보면 "전생을 어떻게 살았는지 알고 싶으면 금생을 어떻게 살고 있는지 보면 알 수 있고, 내생이 어떻게 될 지에 대해 알고 싶으면 금생을 어떻게 살고 있는지 보면 알 수 있다"고.

윤회를 DNA에 의한다고 할 때 이를 순 물질로 보아야 하는 것일까? 그렇지 않으면 정신까지를 포함하는 것으로 보아야 하는 것일까? 동물의 진화과정을 보면 어떤 동물은 없던 날개가 필요에 따라 생기는가 하면, 있던 날개가 퇴화하여 날개의 기능을 상실하기도 하는 것을 보게 된다. 동물 중에 눈썹이 가장 긴 동물은 낙타이고, 사람의 경우도 세계에서 눈썹이 가장 긴 민족은 사막에서 수천 년을 살아온 이슬람 문명권의 사람이라니 환경에 적응하고 극복하려는 본능은 동물의 신체조직까지도 변형을 가져온다는 것을 알 수 있다.

업이란 습(習)이 만들어내는 것이고 습관은 제2의 천성이 되어 그 주체를 지배하게 되는 것이므로 평소에 좋은 습관을 자주 갖도록 노력하는 것이 지혜로운 삶이라 하겠다.

좋은 업을 짓는 것이 중요하다. 그것은 탐(貪)·진(嗔)·치(癡)를 잘 다스리는 일이고 그보다 더 근본적인 것은 마음을 닦는 일이다. 왜냐하면 탐·진·치 삼독은 바로 업의 발현이고 그 삼독은 마음에서 나오는 것이기 때문이다.

탐내지 않으면 무리가 따르지 않고, 무리하지 않으면 악을 저지르게 되지 않으며, 성내서 하는 행동은 또한 무리수를 두어 예상하지 않은 방향으로 사태를 몰고 가기 때문이며, 바로 알지 못하면 탐내고 성내어 나쁜 업을 짓게 된다.

그러면 마음을 잘 다스리기 위해서는 무엇이 필요한가? 이에 대한 답으로 나는 '참선 · 명상'을 들고 싶다. 왜 그리 생각하느냐고? 참선 · 명상은 자신의 주인공이 누구인지를 성찰할 뿐 아니라 사람의 성정을 차분하고 고요하게 하기 때문이다. 여기서 주인공이란 이 우주 속에서의 자신의 존재를 확인하려는 것으로 궁극적으로 우주와 내가 하나라는 것을 터득케 한다. 그리하여 남을 남으로 보지 않고 나의 일부로 보게 된다.

그 방법에서도 참선 · 명상을 하는 경우 수식관을 하여 정신을 집중, 통일시키거나 사람들이 일반적으로 갈구하는 권력, 재물, 명예, 성 같은 것이 허무하다는 것을 깨닫게 하며, 화두를 들어 궁극적으로 진리 당체가 무엇인지를 깨닫게 한다.

업이란 인과응보이고 그 주체는 자기 자신이다. 왜 나에게 그런 업이 주어졌는지 억울하다 말하지만 그것은 과거의 자기 행적을 자기가 모르기에 그런 말을 한다. 그래서 구경각(究竟覺) 즉 붓다와 같은 깨달음을 얻어 모든 것을 초월하기까지는 자신이 지은 업에 따라 영원히 되풀이되는 삶을 통하여 자업자득으로 겪게 되는 것이다. 천상에 태어났다가도 나쁜 업을 지었을 경우 아비지옥으로 떨어질 수도 있고, 그 반대일 수도 있는 것이다. 또 그래야 옳은 것이 아니겠는가? 누구나 자기가 한 것만큼 받는 것이니까.

(2010. 5)

공업(共業)

'공업'이란 무엇인가, 같이 짓는 '업'이란 말이다. 하나의 생활을 단위로 제각기 공동으로 선·악의 업을 짓고, 제각기 공동으로 고락의 과보(果報)를 받는 것을 말한다. 이를테면 작게는 하나의 가정으로부터 크게는 한 나라 또는 지구차원까지 확대해서 말할 수 있을 것이다. 오늘날 지구환경이 위기를 맞이하고 있다면, 이 또한 지구인의 공업이라 할 수 있을 터이니까.

업은 어떤 것이 있는가? 몸뚱이(身), 말(口), 마음(意) 삼업(三業)을 말한다. 몸뚱이로 행동을 하여 짓는 업이 신업(身業)이고, 말로 짓는 업이 구업(口業)이고, 마음으로 짓는 업이 의업(意業)이다. 한 민족의 집단행동도 그 예라 할 수 있다.

어떤 업이든지 일단 짓고 나면 좋은 업이면 좋은 결과로, 나쁜 업이면 나쁜 결과로 돌아오기 마련이다. 원인이 있으면 결과가 돌아오는 것은 당연한 이치이니까. 일종의 공동운명이라고나 할까.

가정을 단위로 지은 업은 그 가정이라는 단위로, 회사를 단위로 해서 지은 업은 회사단위로, 단체를 단위로 해서 지은 업은 단체단위로, 나라를 단위로 해서 지은 업은 나라단위로, 세계를 단위로 해서 지은 업은 세계단위로, 지구를 단위로 해서 지은 업은 지구단위로, 선·악간에 지은 과보를 면할 수 없는 것이다.

왜 면할 수 없느냐고? 스스로가 상대방 또는 자연에게 심어준 업을 지울 수가 없기 때문이다. 한 가족 구성원의 행동은 그 가족의 인상으로 다른 사람에게 비쳐지고, 한 회사 구성원의 행동은 다른 회사 사람들에게 그 회사의 인상으로 비쳐지고, 한 단체구성원의 행동은 그 단체의 인상으로 다른 사람에게 비쳐지고, 한 나라 국민의 행동은 그 나라 국민의 인상으로 다른 나라 사람들에게 비쳐지고, 만약 지구 밖에 어떤 인간이 살고 있을 경우 지구인의 행동은 다른 행성의 인간에게 지구인의 인상으로 비쳐질 것이기 때문이다.

우리는 오늘날 외국 노동자가 우리나라에서의 취업에서 겪는 경험이 한국의 업으로 작용할 것임을 의심치 않으며, 조선족에 대한 우리 국민의 처신도 공업으로 작용할 것임을 유의해야 할 것이며, 대통령을 비롯해서 한 국민이 국내외에서 한 말과 행동도 우리 국민의 업으로 작용하는 것을 의심할 수 없다.

삼업 중 가장 어려운 것이 의업이다. 어떤 의미에서 의업이야말로 다른 업의 뿌리가 되기 때문이다. 마음이 착하면 신업이나 구업은 선하게 작용할 것이기 때문이다.

아무려나 지은 업은 과보로 되돌아오기 마련이니 나쁜 과보를 받지 않으려면 선업을 짓도록 노력할 수밖에 없다. 그것은 담배를 즐겨 피우는 사람이 담배를 끊는다든가, 알콜환자가 술을 끊는 경우와 같다고나 할까, 아무튼 특단의 계기가 필요한데 그것을 업장소멸(業障消滅)이라고 한다.

한 고을을 단위로 한 업장소멸의 예를 들어보기로 한다.

옛날 대만의 어떤 고을에는 3년마다 한 번씩 사람의 목을 베어 머리를 공물로 바쳐서 제사를 지내는 악습이 있었다. 사람의 지혜가 발달되면서 그러한 행위가 악습임을 알게 되었지만 워낙 오래 전부터 지켜온 관행이라 민중의 동의를 얻을 수가 없었다.

그러던 차에 오봉(吳鳳)이라는 덕 높은 지도자가 이 악습을 끊을 결심을 하게 되었다. 오봉은 민중들을 모아놓고 말했다.

"금년에도 여러분들은 사람의 머리를 베어놓고 제사를 지내야 하겠습니까? 여러분의 이 악습을 고치기 위하여 얼마나 많은 선각자들이 애를 썼습니까. 아무리 해도 이 악습을 못 버리겠다면 나는 더 이상 말리지는 않겠습니다. 그러나 구태여 그렇게 해야 한다면 금년만은 내가 결정해 주는 사람의 머리를 베기로 하시면 어떻겠습니까?"

오봉의 말을 들은 민중들은 전혀 하지 말라는 것이 아니기도 하지만 목을 베어야 할 사람을 정해주겠다는 데는 반대할 이유가 없었다. 그가 이 고을에서 가장 높은 지도자이고 또 그의 덕망도 높은지라 모두들 그렇게 하기로 찬성했다.

오봉이 말했다.

"자! 그러면 여러분! 결코 다른 사람의 머리를 베어서는 안 됩니다. 내일 저녁에 이 마을 앞 숲에 흰옷을 입은 사람이 한 사람 지나갈 것이니 그 사람의 목을 베어다가 제사를 지내도록 해주십시오."

과연 그날 저녁에 흰 옷 입은 사람이 마을 앞 숲을 지나가고 있었다. 숲 속에 숨어서 기다리고 있었던 마을 사람들은 왈칵 달려들어서 그의 목을 베었다.

그런데 제단까지 가져온 그 머리를 살펴보니 오봉의 머리였다. 민중들의 통곡이 하늘을 뚫고 땅을 쳤다. 그들의 오랜 꿈도 깨졌다.

우리 사회의 공업은 어떤 것이 있는가? 사회의 청정도도 그 중의 하나라 할 수 있다. 국제투명성기구에 의하면 우리 국민의 청정도는 2000년을 기준해서 176국 중 48위였던 것이 2016년에는 52위로 떨어졌다고 한다. 청정도가 떨어지는 까닭이 무엇인가? 다 같이 잘살려 하지 않고 나만 당장 잘살면 된다는 의식에 따라 행동하기 때문이다. 장기적으로 보아서는 자기에게도 손해가 된다는 생각을 하지 못하는 까닭이다. 이럴 때 옛날 대만의 오봉이라는 지도자가 있다면 어떤 행동으로 그 공업의 업장을 소멸시키는 행동을 취할까?

(2017. 3)

색즉시공 공즉시색(色卽是空 空卽是色)

불멸 후 2500년, 아직도 그 가르침이 제대로 가르쳐지지 않은 것이 있다면 이를 어떻게 보아야 할까? 그 많은 고승 대덕과 불교학을 한 학자들이 어찌하여 정확한 가르침을 통일되게 하지 못하고 각기 자기 나름대로 전하여 오늘의 시점에서도 중구난방으로 다른 가르침을 하게 되었을까? 아무리 이해하려고 해도 이해가 안 된다. 그렇다고 정확한 가르침이 전혀 없었던 것도 아니면서….

그리고 불교에서 공개념(空槪念)은 얼마나 중요한 것일까? 아마도 공개념을 빼놓는다면 불교 전체적인 성립이 불가능할지도 모른다. 그런데도 이를 효과적으로 전하지 못한 선각자들은 어찌해서 이를 놓쳤는지 정말로 수수께끼 중의 수수께끼라 하지 않을 수 없다. 따라서 본고는 그 연유를 추적함과 동시에 기왕에 밝혀진 개념을 접근하기 쉽게 안내하려는 것이다.

나는 불교학자도 아니고 승려도 아니며 한 불교신자이고 선수행

(禪修行)을 하고 있는 한 사람의 문인일 뿐이다.

色卽是空, 空卽是色, 풀이하면 색이 곧 공이고, 공이 곧 색이라, 도대체 이게 무슨 뜻인가? 이 구절이야말로 대승불교권에서의 핵심사상인데 그 뜻을 제대로 알고 있는 불자는 과연 얼마나 될까? 법회 때마다 필수적으로 독송을 하고, 또 불교신자라면 대체로 암송하고 있는 구절이지만 그 뜻을 제대로 파악하고 있는 신도는 천분의 1이나 될까? 아마 알려고도 안하는 것이 우리나라 불교계의 실정이 아닐까, 하는 생각을 해온 지 오래이다. 왜 그렇게 되었을까? 접근방법이 잘못 되었기 때문이 아닐까?

반야심경(般若心經)이라는 제목의 책을 보아도, 불교학대사전(佛教學大辭典)을 보아도, 명망 있는 고승들의 저서를 읽어보아도, 이해가 안 된다. 어째서일까? 곰곰이 살펴본 결과 색(色)이 물체라는 것을 안다 할지라도, 눈에 보이고 또 만져지는 것이 없는 것, 공한 것으로 보라니 받아들여지지 않을 것임은 자명한 이치이다. 그러니 아무리 달달 욀 수 있다 할지라도 그것은 하나의 주문(呪文)을 외는 것과 다를 것이 없는 셈이다.

먼저 홍법원(弘法院) 발행, 감수(監修) 전관응(全觀應) 불교학대사전(佛教學大辭典)에서의 해석을 보기로 한다.

'色卽是空 空卽是色' 현실의 물질적 색(色)의 진상은 인간의 이성을 초월하여 거기에 하등 집착할 것이 없는 空의 존재임을 '色卽是空'이라 한다. 空의 원리 위에 그대로 현실의 존재가 진실로 긍정되는 가치를 인정하는 것을 '空卽是色'이라 한다. 色은 오온(五蘊)의 제1위에 들 수 있으므로 五蘊 전부에 대해서도 똑 같이 설명할 수 있다.(般若心經)

자, 위의 해설로서 色卽是空 空卽是色이 무슨 뜻인지 이해가 되는가? '물질적 색(色)의 진상이 인간의 이성을 초월하여 집착할 것이 없는 공(空)의 존재가 색즉시공(色卽是空)이고, 공(空)의 원리 위에 그대로 현실의 존재가 진실로 긍정되는 가치를 인정하는 것이 공즉시색(空卽是色)'이라니 필자가 아둔해서일까 도무지 이해가 안 된다.

사물을 인식함에 있어서 우리는 우선 눈에 보이고, 만져지는 것을 기준으로 한다. 그런데 글자대로만 해석하면 '색은 곧 공이고, 공은 곧 색'이며, '공은 곧 색이고 색은 곧 공'이 되는데 어찌해서 눈에 보이고 만져지는 것을 빈 것으로 보고, 비어 보이지도 않고, 만져지지도 않는 것을 색으로 볼 수 있단 말인가? 이해가 안 가므로 뜻 알기를 포기하고 만다.

과연 그래도 되는 일인가? 불교의 가르침 중 핵심이 되는 것인데 이를 설득력 있게 해설한 문헌은 없는 것일까? 고승들의 저서를 통해 마땅한 해석이 있는가, 섭렵해 보았지만 없다. 왜 그렇게 되었을까? 까닭은 실체개념(實體槪念)에 의한 접근을 하지 않았기 때문이었던 같다. 다음으로 실체개념을 빌어 색(色)과 공(空)의 의미를 파악해보기로 한다.

『국어대사전』 이희승 편저에 의하면 실체에 대한 개념풀이를 ① 사물의 본체, 전하여 진실의 깊은 도리, 실질, 眞形, 眞理 ② 도(substanz) 「철」 근저(根柢)에 존재하는 것, 항상 불변의 본질적 존재, 여러 가지의 속성과 변화를 갖추고 있으면서도 그 자신은 항상 있고, 변하지 않는 실재. 관념론에서는 변화하는 현상 속에서 변화하지 않는 정신을 실재라 함.

그리고 한국철학사상연구회편 「철학대사전」에 의하면 實體란 '마르크스주의 이전 철학'에서 사용되던 용어로서, 객관적 실재의 변화하는 다양한 현상들을 통일적이고 불변적이며 지속적으로 담지하는 것을 일컫는 말, 실체개념은 아리스토텔레스에게까지 거슬러 올라간다. 그는 실체를 '그 밖의 것들은 그것에 관하여 말해 주는 바가 있지만 그것 자체는 다른 어떤 것에 관하여 말하여 주는 바가 없는'('형이상학Metopysicd' 2, 3) 존재자 내지 기체(基體)로 이해하였다. 즉 실체란 어떤 것에 부속하는 것이 아니라 자립적으로 존재하는 최초의 존재자이며, 변화하는 모든 속성들의 불변적인 담지자이다.(이하 생략)

이상에서 보는 바와 같이 '실체란 우리가 눈으로 보고 만져지는 실물을 말하는 것이 아니라 자립적으로 존재하는 자이고, 변화하는 속성들의 불변적인 담지자를 말하는 것'이라 할 수 있다.

그러면 불기 2500여 년이 지난 오늘날까지 이를 효과적으로 논술한 저작물은 없었는가? 있었다. 그것은 용수(龍樹)스님의 중론(中論)이다. 「불교학대사전(佛敎學大辭典)」에 의하면 용수스님은 불멸 후 6~7백년 경(2~3세기)의 남인도(혹은 서인도) 사람으로, 연기론(緣起論)에서 말하기를 '여러 사물에 연해서 존재하는 것, 그것을 공상(空相)이라고 말한다.' 또는 '여러 사물에 연해서 존재하는 것은 무자성(無自性)인 것이다.'라고 말해 연기(緣起)와 무자성(無自性)을 동의어로 사용하였고, 또 '자성이란 고정불변의 독자적인 실체나 속성을 의미한다.'고 말하고 있다.

한편 일체법과 연기(緣起)와 무자성(無自性)과 공(空)과의 관계를 말하기를 '일체법(一切法)은 연(緣)에 의존해서 발생한 것이기 때문에 무자성(無自性)이고, 자성(自性)이 없으므로 공(空)이라는 것이다. 또 연하지 않고서 발생한 사물은 아무것도 존재하지 않는다. 그러므로 공(空)이 아닌 사물은 아무것도 존재하지 않는다.'고 말한다.(여래출판사 간 『중관사상의 이해』 P.24)

그리고 도서출판 법공양 중론(中論)에서도 "중도란 공(空)이며 '연기'라고 말하고 있습니다. 이는 모든 삶들은 함께 어울린 것에서 스스로의 삶이 있을 수 있으며, 어울림(緣起)을 떠나서 개체 만으로서의 삶은 있을 수 없습니다."라고 기술하고 있다.(P.14)

이상의 담론을 좀 더 발전시켜 보기로 하자. 이 세상 어떤 존재든지 스스로 존재할 수 있는 자성이 있는가? 아무것도 없다. 모든 사물은 모두 연기적 관계에 의해서만 존재한다. 본인 스스로는 태어나지도 못할 뿐 아니라, 생명의 존재 자체가 탄산동화작용에 의해서만 숨을 쉴 수 있고, 생명의 유지에 필요한 식량 또한 흙과 물과 태양광선을 받은 동물과 식물의 탄산동화작용에 의해서만 얻을 수 있는 것이니 어느 것도 자성(自性)이 없는 연기현상이라, 그러므로 있는 것도 없는 것도 아닌 공(空) 바로 그것이라는 것이다.

끝으로 이상과 같은 공개념(空槪念)을 의식한다고 할 때 그 효과에 대해서이다. 만약 반야심경의 독송을 이상과 같은 개념으로 이해하고 받아들일 때 이는 무아(無我)의 개념도 함께 터득되고, 나의 존재라는 것이 이 세상의 모든 것과의 연기에 의해서만 존재하는 것으로 의식하게 될 것이니 이야말로 가장 고차원적인 지혜에 의한 삶이 영위될 것임을 알 수 있다. 지금부터라도 이러한 내용으로 교육해야 하는 것은 아닐까? (2015. 9)

수양과 수행

얼마 전 볼일이 있어 외출했다가 지난해 겨울호로 창간된 시문예지 한 권을 받아온 적이 있다. 전철을 타고 오면서 목차를 훑어보다가 만해 한용운 스님에 관한 주제가 있어 들춰보던 중 용어선택에 오류를 발견, 이 글을 쓰는 동기가 되었다.

용어선택의 오류란 '수양과 수행'에 대해서이다. 글의 내용은 한용운 시의 특수성을 그의 문학수업과 선수행(禪修行) 양면에 걸쳐 통찰한 것이었는데 그 글을 쓴 필자는 그 일련의 과정을 '수양'의 결과라고 보고 있었다.

'수양과 수행', 어떻게 보면 다 같은 의미가 아닐까 하고 생각할 수 있다. 이 글을 쓰고 있는 필자도 한때는 그 구분이 분명치 않았으니까. 따라서 보통 일반인의 입장에서는 '수양과 수행'을 달리 보라는 것은 무리일지도 모른다.

1년 전의 일이다. 필자는 첫 수필집 「사랑과 미움을 넘어」를 내놓으면서 수행에 대해 천착한 바 있다. 사전적 의미에서부터 실제 내용까지. 그 결과 '수양과 수행'과는 엄청난 차이가 있음을 알 수 있었다.

먼저 두 단어의 기원부터 보기로 한다. 철학사전을 보면 단어의 해설을 하기에 앞서 그 단어의 출처를 표시한 것을 가끔 볼 수 있는데 '수행'의 경우 범(梵) 또는 파(巴)로 표시하고 있음을 본다. 산스크리트어 또는 빨리어를 의미한다. 그러니까 '수양'은 따로이 외국에서 기원한 단어가 아니지만 '수행'은 산스크리트어 또는 빨리어의 모국인 인도에서 기원했음을 의미한다 하겠다.

다음은 단어의 의미이다. 이희승 편저 『새국어사전』에 의하면 '수양'은 '① 가르쳐 기름 ② 학문 지식 등에 의하여 생겨난 품위·문화에 관한 광범한 지식을 쌓아 길러지는 마음의 윤택함 ③ 전문적인 분야의 학문·지식'으로 되어 있는데 대하여 '수행'은 '① 학문·기예 등을 닦음 ② 「불교」 깨달음을 얻기 위하여 특정한 종교행위를 하고, 부처님의 가르침을 실천함. 불도에 힘씀. ③ 관능적 욕구를 금하고 정신·육체를 훈련함으로써 정신의 정화, 신적 존재와의 합일 등을 얻으려는 종교행위'라고 기록하고 있다.

한편 김승동 편저 『佛敎·印度思想辭典』에 의하면 그 내용이 너무 길어 전부 인용하기에 마땅치 않으므로 핵심부분만 예거한다면 '마음의 수행인 명상에는 인도에서 고도로 발전한 요가 외에 불교의 지관(止觀)·좌선(坐禪)이 있다. 신체나 언어만으로 행하는 수

행도 있지만 대개 이것들을 조합한 행법이 대부분이다.'

이상 2개의 사전에서 '수양'과 '수행'의 의미를 보았지만 이 두 단어의 의미에서 겹치는 부분은 '학문 · 기예를 닦는 것'이 있을 뿐 나머지 부분에서 '수양'은 다른 사람에 의하여 가르치는 것이 어느 정도 가능하지만 '수행'은 스스로 하지 않으면 목적을 도저히 달성할 수 없는 내면적인 성질의 것임을 알 수 있다.

다음 '수양'과 '수행'이 다른 점은 그 목적하는 바가 크게 다르다는 것이다. 즉 '수양'은 아무리 고급의 경지에 이른다 해도 수준 높은 교양인이 되는데 그치나 수행은 힌두교에서는 절대신 브라흐만과 개인의 인격 즉 아트만의 합일이 궁극적인 목적이 되고, 불교의 경우 신을 인정하지 않는 대신 누구나 불성(佛性)을 가지고 있는 것이므로 깨달으면 부처가 되는 것으로 보고 있다. 우리는 그것을 모든 불교행사가 끝난 후 하기 마련인 사홍서원(四弘誓願)에서 엿볼 수 있다. 즉 사홍서원의 마지막 구절에서 불도무상서원성(佛道無上誓願成)이라 하여 부처되는 것을 기필코 성취하겠다는 것을 다진다. 뿐만 아니라 불자 간에 만났다 헤어질 때 관행처럼 행해지는 인사말 "성불 하십쇼!"에서도 엿볼 수 있다.

수행의 방법에서도 '수양'과 '수행'은 현저한 차이가 있다. 물론 '수양'과 '수행' 모두 수준 높은 경지에 가기 위해서는 자기와의 싸움이 요구되나 '수양'의 경우 반복적인 훈련으로 어느 정도 목적달성이 가능한 반면 '수행'의 경우에는 자아(自我)까지 없어지는 무아

(無我)의 경지가 되기를 요구한다.

특히 닦는 방편에서 '수양'은 지식의 축적을 필요한 것으로 보나 '수행'에서는 지식 자체도 내려놓을 것을 요구한다. '도(道)는 알고 모르고에 속하지 않는다.(道不屬知不知)'고 할 정도이다. 조금 더 부언한다면 불교에서 궁극적인 목적은 성인(聖人) 즉 붓다가 되는 것이라 할 수 있는데 그러기 위해서 수행의 지침이 되는 것을 말한다면 분별심을 여읜다는 것이다. 분별심이란 나와 객관세계와의 간에 벽을 쌓는 것으로 이를 허물지 않으면 안 되며, 이 분별심은 사람과 사람 간에는 물론 사람과 자연 간에도 차별을 두지 않는다는 것이다.

그리고 여기서 분별심을 갖지 말라는 것과 관련해서 덧붙인다면 분별심의 뒷면에는 이기심이 자리 잡고 있다는 것과 모든 사회적인 악과 전쟁도 그 이면에는 '너는 나와 다르다'는 데에 뿌리박고 있다는 것을 유의할 필요가 있다. 왜냐하면 나와 다른 것을 용납하지 못하는 데서 분쟁이 일어나고 나의 의사를 관철하려는 데서 전쟁이 일어나기 때문이다.

'수양과 수행', 어떻게 보면 그게 그것 같으나 내용에서는 엄청난 차이가 있다. 동·서양을 불문하고 참선·명상이 붐을 일으키고 있다. 기왕에 붐을 일으키고 있다면 그 개념을 정확히 알고 접근하는 것이 필요할 것 같아 하는 소리이다.

(2013. 4)

천당과 지옥

어떤 사람이 천당과 지옥을 다녀온 일이 있다고 한다. 이 사람의 말에 의하면 천당이나 지옥이 하나도 다른 것 없이 똑같았다고 한다. 주거환경에서부터 먹는 음식이나 그 밖의 생활여건이 모두가 동일했다. 특히 음식은 풍족했다. 그럼에도 불구하고 지옥에 사는 사람들의 얼굴은 여위고 몸은 바싹 말라서 모두가 굶주린 몰골이었으나 천당의 사람들은 모두가 얼굴에 윤기가 흐르고 건강미가 넘쳤다.

이상히 여긴 이 사람은 그 이유를 알아내기 위해 그들의 생활하는 모습을 관찰하게 되었는데 천당이나 지옥의 사람들이 사용하고 있는 수저의 길이가 독같이 대단히 길었으나 사용하는 방법에 차이가 있었다.

그 사용하는 방법이란 지옥의 사람들은 서로 음식을 많이 먹겠다고 긴 수저로 음식을 떠서 자기 입으로 가져가지만 음식이 입으로는 들어가지 않고 어깨너머로 흘려버려 모두가 배가 고파서 굶주린 상태였다. 그런데 천당의 사람들은 긴 수저로 음식을 떠서는 서로 마주앉아 있는 사람의 입으로 넣어줌으로써 음식을 충분히 먹고 영양소를 골고루 섭취하여 건강한 모습으로 살 수가 있더라는 것이다.

이상의 이야기는 어느 신문에 기고한 권기종 교수의 글을 인용한 것이지만 아무튼 인간 심성에 대한 누군가의 깊은 통찰에 의해 만들어진 이야기임에 틀림이 없다는 생각이다. 이 이야기의 바닥에 흐르고 있는 정신은 남을 남으로만 아는 한 천당(극락)은 어디에도 없다는 데 있다.

흔히 사람들은 천당과 지옥은 극과 극의 대조, 즉 천당은 무엇이거나 넉넉하고 평화롭고, 생활환경이 이상적이고, 지옥은 굶주리고 고문을 당하는 등 엄청난 고통의 나날을 보내야 하는 것으로 생각하기도 한다.

그런데 이 이야기의 경우 남을 배려하는 것이 나를 배려하는 것이 된다는 것이다. 이런 사람이 모여 사는 사회라면 이미 천당이라 해야 할 것이다. 우리는 천당과 지옥을 사후세계에서의 일로 생각하는 경향이 있다. 그러나 이 이야기처럼 남을 남으로 생각하지 않고 나로 생각하고 또 그렇게 행동한다면 그것이 바로 천당이 되는 것 아니겠는가.

스칸디나비아 반도의 어떤 나라를 여행하고 돌아온 어느 여행가의 이야기가 생각난다. 등산을 하면서 짐을 덜기 위해 카메라를 나뭇가지에 걸어놓고 다녀와도 그 자리에 걸려있는 것이 그곳 나라 사람들의 인심이라고 했다. 나의 노력에 의해 얻어진 재물이 아니라면 그것이 아무리 값이 나가는 물건이라도 욕심을 내지 않는다면 이런 나라야말로 천국이라 해도 될 것이다.

핀란드에서는 전 국민이 해마다 재산신고를 하고 있다니 이런 나라 역시 천국에 가까운 나라라 해야 할 것이다. 부당한 방법에 의해 재산증식을 하는 국민이 없고, 증식된 재산평가액에 따라 조세를 부담하는, 이를 전 국민의 합의로 제도화하고 있다면, 이런 나라를 천국이라 해서 지나친 말이 아닐 것이다.

여기서 이 글의 본 뜻을 한 번 생각해보기로 한다. 그것은 천당이고 지옥이고 그 기제는 마음이라는 것이다. 다시 말해 천당은 어떤 권능에 의해 주어지는 것이 아니라 남을 남이라고 생각하지 않고 나의 일부 내지 나라고 생각하고 행동할 때 천국은 이미 그의 것이 되는 것이라는 것이다. 그리고 이런 논리에 의한다고 할 때 그러한 사고의 전환 없이 천당에 갔다 할지라도 천당에 적응하지 못할 것이니 무의미한 일이라고 해야 할 것이다.

또 천당이고 지옥이고 생활환경도 같다는 것이다. 곧 이 세상과 다를 것이 없다는 말이다. 다만 이용하는 자세에 있어서 천당의 사람들은 서로 아끼고 양보하여 이용하는 데 반하여 지옥의 사람들은 좋은 것은 내가 차지하고 나쁜 것은 남에게 돌아가게 하도록 한다면 서로 아귀다툼을 하여 지옥이 안될래야 안 될 수 없는 일 아니겠는가?

그것은 마음의 자세에 달려있다 할 수 있다. 그런데 오늘날 천당과 지옥을 논하는 각 종교에서 천당과 지옥에 갈 수 있는 요건은 과연 무엇이라고 가르치고 있는 것일까? 위에서의 이야기처럼 천당이 주어져도 마음의 요건이 충족될 수 없다면 누릴 수 없는 것이니 말이다. 실로 얼마나 합리적인지 되씹어볼만 한 일 아니겠는가?

천당과 지옥을 굳이 불확실한 사후세계의 일로 생각하는 어리석음을 범하지 말자. 마음을 닦는 일은 오로지 인간으로 살아있는 동안 닦아야 하는 것이고, 남을 남으로 대하지 않고 나로 대하는 곱고 바른 마음 가지면 죽어서 천당 가는 것이라면 종교에서 할 일은 무엇보다도 이 마음 닦는 일에 주력하는 것이 사리에 맞는 것 아닐까?

(2014. 3)

자살에 대하여

2005년 3월 5일자 조선일보 사회면에 자살에 관한 통계가 실려 있는데 우리나라의 경우 48분마다 한 명 꼴로 자살하고 있고, 이는 OECD국 중 증가율에서 1위에 해당한다고 한다. 연령대별로 볼 때 40대와 30대순으로 생산성이 가장 활발한 연령층에 자살비중이 높고….

그리고 '한국자살예방협회'에 따르면 15~69세 국민의 35%가 자살을 생각해 본 적이 있고, 4,3%는 자살을 계획한 적이 있으며, 국민의 18%는 가까운 사람 중 자살을 시도했거나 자살로 사망한 사람이 있다고 했다.

자살의 원인으로는 유전적 소질과 성격, 경기불황 등 사회경제적 요인에 영향을 받는데 그 중 80%는 우울증을 거쳐 자살에 이르고, 20%는 충동적으로 자살을 한다고 했다. 사회적 요인으로는 "핵가족화 · 이혼 · 독거(獨居)로 가족의 지지체가 약화되고, 드라마 · 영화에서 자살을 미화하는 분위기가 자살을 늘리는 요인이 되고 있다고 했다. 요즈음 인터넷에 자살사이트가 있어 자살을 부추기는 것도 늘어나는 원인의 하나일 것이다.

통계 중 명예를 지키기 위한 자살, 신조를 지키기 위한 자살, 자기 운명의 주재자로서의 최종적 선택으로서의 자살 등 적극적인 선택에 인한 자살은 없고, 생의 좌절에서 오는 소극적 선택이라는 점에서 아픔을 더하게 한다.

예방대책으로 보건복지부는 2010년까지 자살사망률을 20% 줄이기 위해 2008년까지 전국 246개 시 · 군 · 구에 정신보건센터를 확충하여 자살예방을 위한 사회안전망을 구축한다는 것이다.

나는 이 기사를 보면서 기왕에 통계조사를 할 바엔 종교적 배경까지를 배려한 조사를 했으면 좋았을 것을 하는 생각을 해 보았다. 왜냐 하면 어떤 종교를 막론하고 자살을 미덕으로 보는 종교는 없을 것이라는 가정과 함께 만약 그것이 사실이라면 종교를 통한 자살방지가 한 수단이 될 수 있을 것이라는 생각에서이다.

그러면서 떠오르는 것이 자살이 삶에 대한 절망에 인한 것이라 할 때 그 의식에 '바닥 치는 장치'가 있어야 할 것이라는 생각과 함께 각 종교단체에서 이를 감안한 교리의 전파에 노력하는 것도 하나의 시책이 될 수 있을 것이라는 생각을 해보는 것이다.

자살동기에서의 '바닥 치는 장치'란 무엇인가? 자살로 해결되지 않는다는 것이다. 자살을 하는 사람은 자살로 모든 것이 끝나는 줄 알기 때문에 더 참으려 하지 않고 선택하는 수단이 자살일 것이다. 만약 자살이라는 수단이 문제를 해결하는 것이 아니라 더 나쁜 결과를 가져오는 것이라는 의식이 있다면 자살이야말로 어리석은 선택이 될 것이니까.

유대교, 기독교, 이슬람교 사회에서는 자살은 죄악으로 간주되며, 자살시도행위에 대해 법으로 처벌할 수 있도록 되어있는 나라도 있다. 비록 자신의 목숨이라도 죽이는 것은 살인임이 확실하니 그럴 수도 있겠다는 생각을 해 본다.

불교의 교리에서 본다면 현재의 상황이 아무리 어려울지라도 모든 것은 자신이 쌓아온 업보로 본다. 그 업보는 현생만이 아니라 수많은 생을 통하여 쌓아온 것으로 누구의 탓도 아니고 자기 탓이며, 그러므로 운의 호전도 자기 자신이 할 탓이라고 보는 것이다. 만약 자살을 하는 경우 그것은 현재의 국면을 다음 생으로 넘기는 것만이 아니라 그 기억을 다음 생에 상기시켜 더 좋지 않은 결과로 나타날 수 있다는 것을 유의해야 한다.

이 경우 전생의 경험이 어떻게 내생에 이어질 수 있는가 하는 의문이 있겠으나 불교에서는 그 가능성을 제팔식(第八識), 즉 장식(藏識) 또는 아뢰야식(阿賴耶識)에 의해서라고 말한다. 사람의 의식은 감각기관에 의한 의식 즉 눈·귀·코·혀·피부에 의한 의식(前五識)과 이를 통괄하여 판단하는 의식(六識), 그리고 자아의식(第七識)까지는 육신의 사망에 따라 소멸하지만 제팔식(第八識)은 소멸하지 않고 중음신(中陰身)상태로 있다가 자신의 전생의 업에 알 맞는 모태를 찾아 다시 태어나는 것으로 보고 있다.

우리는 수십 년 전에 경험하여 까마득하게 잊고 있던 일이 어떤 계기를 만났을 때 튀어나와 스스로를 놀라게 하는 일을 가끔 경험한다. 그 의식은 평소에는 생각해 내려고 해도 할 수 없는 기억이지만 우연한 기회에 어떤 계기를 만나면 되살아나는 의식이다. 정신과 의사가 정신분석을 통하여 또는 최면을 통하여 환자의 마음의 심층에 깔려있는 의식을 끄집어내어 풀어줌으로써 치료의 수단으로 삼는 경우도 그 예이다.

전생체험도 있다. 초등학교에도 가기 전의 어린이가 자기가 사는 지방의 언어가 아닌 다른 지방의 언어로 말을 하고, 자기의 전생이 누구의 아들 누구라고 말해 조사해보니 그것이 확인되고, 현지에 데리고 가보니 자기 집을 알아보고, 친척들의 이름을 하나하나 정확히 알아본다는 것은 무엇을 말하는 것인가? 우리 눈으로 확인되지 않은 사실이 이 세상에는 얼마든지 있다는 것을 유의할 필요가 있다.

큰스님의 법문으로 가끔 인용되는 것이 있다. "전생이 어떠했는지 알고 싶거든 현생을 보라. 다음 생이 어떻게 될 것인지 알고 싶거든 현생을 보라"는 말이다. 여기서 우리가 눈여겨볼 것은 죽음이라는 것은 어떤 삶의 줄이 계속되다가 끊어지는 것처럼 단절되는 것이 아니라는 것이다. 단절되지 않고 이어지는 것이라면 어차피 다시 시작할 다음 생에서 자살한 전생의 기억을 떠올려 불행을 자초한다는 것이야말로 얼마나 어리석은 일이 되겠는가? (2005. 3)

5부

선수행을 하며

분별심

국어사전을 보면 '분별'이란 '사물의 이치를 가려서 알음'이라고 되어있다. 그러므로 '분별심'이란 '사물의 이치를 가릴 줄 아는 마음'이라고 해야 할 것이다. 비슷한 우리말로 '철들다'라는 말도 있다. 그 해석도 '철이 나서 사리를 분별할 수 있게 되다'라고 되어 있다. 그래서 어른들이 청소년들을 가리키면서 하는 말로 '아직 철이 덜 들었느니'라는 말을 하기도 한다.

사람이 세상에 태어나서 세상물정을 알아간다는 것은 하나의 인간으로서 독립하기 위해서는 필수적인 과정이라 할 수 있다. 경험이 없으므로 위험한 것을 모르고, 그 사회의 관행이라든가 도덕 윤리를 알지 못하거나, 국민으로서의 권리나 의무를 모르므로 마땅히 해야 할 도리를 이행하지 못하는 경우가 그 예라 할 수 있다.

우선 생명을 유지하기 위해서는 먹을 것과 못 먹을 것, '안전한 것과 위험한 것'을 가릴 줄 알아야 한다. 도덕과 윤리 면에서 원만

한 인격을 형성하기 위해서는 '참된 것과 거짓된 것', '선한 것과 악한 것', '아름다운 것과 추한 것', '사랑과 미움', '이로운 것과 해로운 것', '내 것과 남의 것' 등에 대한 분별력을 갖추어야 한다. 이러한 분별력이 모자랄 때 적응력이 떨어져 건전한 사회인으로서 대접을 못 받을 것임은 자명한 이치이다.

그런데 사실은 이 '분별'이라는 말 속에는 인간이 인간답게 살아감에 있어 필수적인 기제(機制)로 쓰이기도 하지만 우리가 전혀 예기하지 않았던 독소가 숨겨져 있었으니 바로 '차별'이라는 것이다.

'참됨과 거짓됨'의 개념에서는 '네 편과 내 편'으로 갈리고, 종교적 신념과 결부될 때에는 전쟁으로까지 발전하여 무자비한 살육을 저지르는 예를 역사를 통해 배우고 있다. 사실 종교에 따라서는 '계명'에 '살인하지 말라'라고 명기하고 있으나 종교의 이름으로 전쟁을 일으킨 예가 얼마나 많은가?

어디 '참됨과 거짓됨' 뿐인가, '선과 악'의 개념 속에는 나와 같은 풍속의 사람인가 다른 풍속의 사람인가에 따라 '선'과 '악'이 갈리게 되고, '미와 추'의 개념에서는 성장과정에서 익혀온 의식의 여하에 따라 다를 수도 있다.

그래서 하나의 사회 안에서도 종교 간의 차이에서 오는 갈등이 있는가 하면, 지역감정이 형성되기도 하고, 오늘의 시대와 같이 지구를 단위로 해서 살 수밖에 없는 상황에서는 문화충격은 물론 문명 간의 충돌요인으로 발전할 수도 있음이 오늘의 지구촌의 상황이라 할 수 있다.

인류의 역사에서 차별을 극복할 수 있는 지혜는 없었는가? 있었다. 붓다의 '연기법'이 그것이다. 붓다의 사상은 애당초 우주차원에서 출발한다. 그는 말한다. '이 세상의 어떤 존재도 독자적으로 존재하는 것은 없다'고. 모두가 서로서로 의존적인 관계에서만 존재할 수 있으므로 나와 다르다 하여 차별하는 것은 이치에 맞지 않는다는 말이다.

사람의 경우를 예로 들어보자. 태어남 자체가 스스로 태어나지도 않았지만 공기와 음식물이 없이는 살 수 없는데 그 공기와 음식물은 사람 스스로의 능력만으로 만들어지는 것이 아니다. 태양광선과 녹색식물의 광합성작용에 의해 공기가 만들어지고, 또 동물과 식물의 교호작용이 있어야 하고, 녹색식물은 또한 흙과 물과 곤충과 박테리아의 분해작용에 의한 토양의 조성이 전제되어야 한다. 이와 같이 공기와 음식물은 온 우주가 동원되어 얻어질 수 있다는 것이다.

정신활동 또한 마찬가지이다. 우리의 감각이나 지각활동도 멀게는 먼 옛날의 사람에게서, 가까이는 현재의 생활주변에서 남으로부터 주고받으면서 이루어지는 것이니, 이 세상 어떤 존재이든지 남과의 의존관계를 벗어나서는 존재할 수 없음을 알 수 있다.

이렇게 볼 때 분별은 필요한 것이지만 사회화의 과정에서는 그 분별을 뛰어넘지 않으면 사회발전에 장애가 될 수도 있다는 것을 유의할 필요가 있다.

하기는 종교조차도 '살인하지 말라'라는 계명을 주고 있음에도 반대되는 행위자에 대해서는 '죽이라'고 경전에서 가르치고 있는 예도 있고, 또 무수하게 살해한 기록을 경전에서조차 기록하고 있음은 '아이러니'라고 하지 않을 수 없다.

이러한 시대상황 속에서 눈에 번쩍 띄는 가르침이 있으니 중국 선종(中國禪宗)의 제3조 승찬대사(僧燦大師)의 「신신명(信心銘)」이 그것이다.

이 책의 첫 구절은 다음과 같이 되어있다. "지극한 도(道)는 어려울 게 없다. 간택(揀擇)=(분별)하지만 않으면 된다. 다만 미워하거나 사랑(애착)하지만 않는다면 통연히 명백하리라.(至道無難 惟嫌揀擇 但莫憎愛 洞然明白)" 실로 놀라운 가르침이다. 온 세상이, 심지어 종교에서도 편 가르기를 당연시하는 판에 '미워하거나 사랑(애착)하지 말라'니 말이다. 왜 그런가? 미워하거나 사랑(애착)하는 것은 집착을 낳고, 자유를 구속하고, 편 가르기로 나가게 되기 때문이다.

편 가르기로 발전되는 개념들의 실상을 한 번 살펴보자. '참됨과 거짓됨', '선과 악', '미와 추' 등은 과연 어디서부터 어디까지로 개념 지을 수 있을까? 사실은 모두가 상대적인 것으로 보아야 한다. 만약 이상의 세 요소를 각각 하나의 횡렬로 늘어놓았을 때 어디에서 어디까지가 '선과 악'이고, '참과 거짓'이며, '미와 추'일까?

이때 중심에서 일정범위를 '진', '선', '미'로 규정짓는다 했을 때 과연 그 규정된 범위의 것은 계속해서 '진'이고, '선'이고, '미'일 수 있을까? 그 분류된 범위 안에서 또다시 '진과 위', '선과 악', '미와 추'를 가리게 될 것임은 뻔한 일이다.

물론 현실생활에서 분별을 하지 않고 산다는 것이 과연 가능한 일인가 하는 문제가 있기는 하지만 패러다임이 변한다면 우리의 의식도 변해야 한다는 것을 의식할 필요가 있다.

지금을 '지구촌시대'라 한다. 지구가 한 마을처럼 살아가야 한다는 것이다. 패러다임적 전환을 요구한다 할 만하다. 이런 상황 속에서 함께 잘 살아갈 수 있는 지혜는 무엇인가? 우리와 다른 것을 인정하고 차별하지 않는 것이다. 우리는 과연 차별하지 않을 준비가 되어있는가?

(2009. 3)

불립문자(不立文字)

선(禪)의 세계에서 쓰이는 말로 불립문자라는 말이 있다. 이 말의 기원은 입능가경 권오(入楞伽經 卷五)에 '붓다는 성도(成道) 후 입멸할 때까지 한마디 한 글자도 설하지 않았다.'는 경문에 근거한 것이다. 선수행(禪修行)에서는 지식이 별로 도움이 안 된다는 뜻으로 사용된다. 심한 경우 지식이 오히려 해롭다는 견해도 있다. 말이나 글의 이치로 따져 가지고는 한발걸음도 나아갈 수 없는 것이 선이기 때문이다.

한 가지 예를 들어보자. 어떤 수좌의 "조사가 서쪽에서 온 뜻이 무엇입니까?"라는 물음에 '뜰 앞의 잣나무니라'라고 답했을 때 '뜰 앞의 잣나무'라는 말귀를 안다고 하여 이 화두를 타파하는데 무슨 도움이 되겠는가? 아무런 도움도 안 될 것임은 자명한 일이다.

말이나 글로 도움이 안 된다면 무엇으로 제자들을 가르치는가 하는 의문이 일 것이다. 이에 대한 대답으로 선에서는 직지인심(直

指人心)을 말한다. 말이나 글로 가르치지 않고 마음을 마음으로 가르친다고 한다. 이해가 가지 않을 것이다. 이해를 돕기 위해 전해오는 이야기 하나를 소개하기로 한다.

이야기는 벽송(碧松:1404~1534)스님과 당대에 도인으로 알려졌던 정심(正心)선사와의 사이에 있었던 이야기이다.

"소승 문안드리옵니다."
"어디서 온 납자(衲子)인가?"
"참선의 묘리를 배우고자 왔습니다."
"나는 도(道)를 가지고 있지 않다. 그리고 보다시피 먹고살기가 바쁘네, 자네가 거처할 방도 없고…."

벽송스님은 그 날부터 토굴 하나를 짓고 정심선사와 같이 나무를 해다 팔며 생활했다. 벽송스님은 산에 오를 때마다 정심선사에게 물었다.

"부처는 누구입니까?"
"오늘은 좀 바빠서 말해 줄 수 없네."
"스님께서 깨쳐서 얻은 도리만 알려 주십시오."
"산에 가서 빨리 나무를 하자. 그것은 내일 말해 주겠다."

이렇게 대답을 미룬 지 3년이 되었다. 벽송스님은 어느 날 정심선사가 없는 사이에 짐을 꾸려서 떠나면서 밥 짓는 공양주 보살에게 말했다.

"저 오늘 떠나야겠습니다."

"별안간 무슨 소리입니까?"

"제가 스님을 찾아온 것은 도를 배우러 온 것이지 고용살이를 하려고 온 것은 아닙니다."

"그야 그렇겠습니다만."

"3년이 지나도록 가르쳐 주지 않으니 더 기다릴 필요가 없게 되었습니다."

"그래도 정심 스님이 오시면 떠나세요."

"지금 떠나겠습니다."

벽송 스님은 일종의 분노를 안고 발걸음을 옮겼다. 이때 정심선사가 나무를 해가지고 돌아오자 공양주 보살이 다급하게 말했다.

"벽송스님이 떠나셨습니다."

"왜 떠났는가?"

"도를 가르쳐 주지 않아 화가 나서 떠난답니다."

"무식한 놈! 내가 가르쳐 주지 않았나. 제 놈이 그 도리를 몰랐지! 자고 나서 인사할 때도 가르쳐 주었고, 산에 가서 나무 해 올 때도 가르쳐 주었지!"

"그런 것이 도입니까?"

"도가 따로 있나? 따로 있다면 도가 아니고 번뇌지!"

"그럼 저에게도 가르쳐 주셨겠습니다"

"암! 가르쳐 주었지!"

"벽송스님은 왜 몰랐을까요?"

이때 정심선사가 토굴 밖으로 뛰어나가 멀어져 가는 벽송스님을 소리쳐 불렀다. 이에 벽송스님이 걸음을 멈추고 돌아보자 정심선사가 또 한 번 크게 소리쳤다.

"내 법 받아라!"

이 순간 벽송스님은 크게 깨달았다.

도가 따로 있지 않다? 따로 있다면 도가 아니고 번뇌라! 해 뜨면 일어나 밥해 먹고 나무하러 가고, 나무 해다 시장에 내다 팔고, 피곤하면 쉬고, 해 떨어지면 잠자는, 자연의 질서와 같이 가는 것, 그것이 도라는 것이다. 그렇지 않고 도가 따로 있다고 생각하면 그것은 도가 아니고 번뇌라, 쓸 데 없는 생각이라는 것이다.

그리고 '내 법 받아라!?' 법이 무엇이고 어디에 있기로 주고받는다는 말인가? 그렇다고 법이 없는 것도 아니니 주기도 하고 받기도 하는 것, 여기에 무슨 말과 문자가 필요하단 말인가?

중국 선종의 초조 달마대사와 2조 혜가 대사와의 사이에 이른바 '안심법문'이 끝났을 때 혜가스님이 물었다.

"스승이시여! 이 법을 문자로 기록할 수 있습니까?"

이때 달마대사의 대답이다.

"나의 법은 마음으로써 마음을 전하니 문자를 세우지 않느니라."

그래서 "교외별전(敎外別傳)"인 것이다.

(2005. 2)

선(禪)과 기지(機智)

어떤 위기에 직면했을 때 번득이는 기지가 있다면 그 위기를 벗어나는데 크게 도움이 될 것임은 당연한 일이다. 기지란 무엇인가? 국어사전에 의하면 기지란 '그때그때 때에 따라 재치 있게 움직이는 슬기'라고 정의하고 있다.

그런데 그 기지는 선천적으로 타고 나는 것일까? 그렇지 않으면 수련 내지 수행에 의해 달라질 수도 있는 것일까? 나는 선천적인 자질과 후천적인 계발 양면성이 있다고 생각한다. 우리는 그것을 이른바 MC 내지 개그맨들에게서 엿볼 수 있다. 그리고 여기서 말하고자 하는 선 수행을 통해서도 계발될 것이라고 생각한다. 그 근거는 선 수행이 지식의 습득에 의하지 않고 직관을 계발하는데 중점이 주어지고 있는 데서 엿볼 수 있다. 여기서 고승들의 이야기 두 토막을 들어보기로 한다.

먼저 서산대사와 사명대사와의 법거량(法擧揚)이야기이다. 젊은 사명스님이 당대 고승대덕으로 소문이 자자한 서산대사(西山大師)를 찾아갔다. 지혜와 의기가 충천하는 사명스님이 서산대사와 한판 대결해 보고 싶었다. 그래서 참새 한 마리를 잡아 손안에 넣고 서산대사를 만났다.

사명스님이 말했다.

"스님! 제 손 안에 참새 한 마리가 들어 있습니다. 이 참새가 살아있을까요? 죽어있을까요?"

서산대사가 슬며시 자리에서 일어나 문 밖으로 나가더니 돌아서서 한 발은 문안에 다른 한 발은 문 밖에 걸친 채 말했다.

"사명스님! 내가 방안으로 들어갈 것 같소? 그렇지 않으면 밖으로 나갈 것 같소?"

사명스님은 서산대사가 죽은 것이라 대답하면 살아있음을 보여주고, 살아있다고 답하면 손아귀에 힘을 주어 죽은 모습을 보여주려 했던 것이다. 서산대사도 마찬가지, 만약 사명스님이 들어올 것이라고 대답하면 나갈 것이고, 나갈 것이라고 답하면 방안으로 들어가려 했던 것이다. 가히 양쪽 모두 출중한 기지라 하지 않을 수 없다.

다음은 일제시대 무심 도인 혜월(慧月)선사와 당시의 총독 미나미(南次郎), 그리고 미나미의 제자 병사의 이야기이다.

미나미 총독이 남방에 무심 도인 혜월선사가 살고 있다는 소식을 듣고 혜월선사를 찾아갔다. 인사가 오간 뒤에 미나미 총독이 물었다.

"어떤 것이 부처님의 진리입니까?"

"부처님의 진리? 귀신 방귀에 털이 났지!?"

혜월선사의 대답이었다. 귀신 방귀에 털이 났다!? 무슨 뜻인지 알 턱이 없었다. 꼭 희롱을 당한 것만 같은 답에 아무 말도 못하고 물러나 돌아갔다. 그 소식이 입에서 입으로 전해져 일본에까지 전해지게 되었다. 그중에 미나미의 제자였던 한 병사가 그 소식을 듣고 격분하여 혜월선사에게 보복하리라 마음먹고 조선으로 건너왔다.

혜월선사의 거처를 찾아간 왜놈병사는 구둣발로 혜월선사의 방에 들어가 다짜고짜 차고 있던 장검을 빼어 혜월선사의 목에 대고 금방이라도 베어 버릴 듯한 자세였다.

긴장된 순간, 혜월선사는 아무 말 없이 손가락으로 왜놈 병사의 뒤를 가리키는 것이었다. 그 병사는 누군가 자기의 뒤에서 자기를 노리고 있는 사람이 있는지 뒤돌아보았다.

그때였다. 혜월선사는 왜놈병사의 어깨를 내리치며 벽력같은 소리로 "내 칼 받아라!" 외쳤다. 왜놈병사는 혼비백산하여 무릎을 꿇고 말했다. "과연 훌륭하십니다!" 인사를 올리고 돌아갔다.

이상은 당대 도를 깨친 선승들이 행사했다는 기지의 예이지만 이러한 기지는 논리적인 사고나 지식으로 가능한 일이 아니다. 두 이야기 모두 만약 논리적인 사유에 의해 대처했다면 두 번 다 실패했을 것임은 두말할 필요가 없다.

그러면 선에는 그러한 기지를 계발하는 무엇이 있는가? 나는 그 까닭을 선의 특징에서 말하고 싶다. 그 특징이란 선은 어디까지나

직관에 의할 뿐 지식에 의하지 않는다는 것이다. 이를 설명하는 몇 가지 가르침이 있다.

첫째는 불립문자(不立文字)와 교외별전(敎外別傳)이다. 선은 문자에 의한 가르침에 의하지 않고 따로 전한다는 것이다. 그래서 불교의 경우 교(敎)는 부처님의 말씀을, 선(禪)은 부처님의 마음을 따른다는 것이다. 언어에 의한 표현에 한계가 있음을 말하는 것이다.

둘째는 진리(道)는 알고 모르고에 속하지 않는다는 것이다. 안다는 것은 지식은 될지언정 지혜는 되지 못하는 것이니 당연한 말이라 할 수 있다.

셋째는 밖에서 들어온 것은 가보(家寶)가 될 수 없다는 것이다. 도를 깨치는 것은 남으로부터 배워서 되는 것이 아니라 자기의 내면에서 스스로 깨닫는 것이기 때문이다.

넷째는 기민해야 한다는 것이다. 선사들의 법거량 하는 것을 보면 문답이 전광석화와 같이 진행되는 것이 특징이다. 그래서 스승은 제자에게 "어서 말하라!"라고 다그치는가 하면 심할 때는 몽둥이찜질을 하고 멱살을 움켜쥐는 경우도 있다.

이상을 종합할 때 선에서는 언제나 마음이 중도에 가 있는 것을 기본으로 한다는 것이다. 어디에도 집착하지 않는 마음의 상태를 이름이다. 어디엔 가에 기울어져있는 마음은 그만큼 즉각적인 대처가 어려울 것이기 때문이다. 마치 자동차 기어가 중립일 때 바로 들어가는 것처럼….

(2004. 5)

선(禪)과 담력

사람의 담력이란 생래적으로 가지고 태어나는 것일까? 그렇지 않으면 후천적으로 키워지는 것일까? 후천적으로 키워지는 것이라면 어떤 훈련을 통해 키워지는 것일까? 나는 이런 의문에 대해 양쪽을 다 사고 싶지만 후자에 비중을 더 두고 싶다. 그 까닭은 육군의 특전대라든가 해군의 수중폭파대(UDT) 등은 강한 훈련을 통해서 길러지기 때문이다.

예의 특전대나 수중폭파대가 길러지기 위해서는 엄청난 담력을 키워주는 훈련을 하는 것으로 알려지고 있다. 고소공포증을 없애기 위한 낙하훈련, 도깨비나 귀신의 공포증을 없애기 위해 심야 공동묘지나 화장장에서 모의훈련을 하거나 적지에서 식량이 떨어졌을 때 살아남기 위해 뱀을 잡아먹는 훈련, 적지에서 포로로 잡혔을 때 자결을 한다거나 식이다.

담력 이야기가 나왔으니 임진왜란 때 사명대사(四溟大師)의 이야기가 생각난다. 임진왜란 초기에 있었던 이야기이다. 사명대사가 금강산 유점사에 있을 때, 강원도 방면으로 진격한 왜군들이 유점사에 이르러 승려들을 모조리 밧줄로 묶고 꿇어앉게 하고 금은보화를 내놓으라고 윽박지르며 그렇지 않으면 죽이겠다고 위협하고 있다는 소식을 듣게 되었다.

이 소식을 들은 사명대사는 저들 스님들을 구해야겠다며 큰 절로 내려가겠다는 것이었다. 같이 있던 스님들이 적극 말렸으나 스님은 시자스님 한 사람만을 데리고 유점사로 내려가 왜장을 만나 필담으로 담판을 하여 스님들을 모두 풀어주게 했을 뿐 아니라 이웃 고성지방에서도 왜병들에게 살상을 하지 못하도록 한 이야기가 전해지고 있다.

뿐만이 아니었다. 그런 이후 사명대사는 서산대사의 명을 받들어 스님들로 편성된 의승군(義僧軍)의 부총섭(副總攝)이 되어 왜적과 싸우는 한편 적군의 진의가 무엇인지를 알아내기 위한 임무를 띠고 네 번에 걸쳐 가등청정(加藤淸正)의 진영을 방문한 바 있는데 3번째의 방문에서 있은 일이다.

당시 가등청정은 서생포(西生浦)에 주둔하고 있을 때였다. 왜군측에서는 '조선의 왕자가 일본으로 건너와 사죄하면 왜군을 철수시키겠다'는 말을 퍼뜨리고 있을 때였다. 왜군진영에서는 사명대사의 기를 죽이기 위하여 완전무장한 병사들을 이중삼중으로 사방을 에워싼 진중으로 들어오게 했다. 그러나 그렇다고 사명대사가 기가 죽을 위인이 아니었다. 사명대사는 조금도 마음에 동요됨이 없이 당당하게 대화에 임했다.

대화 중 오간 이야기이다. 가등청정이 물었다.

"당신네 나라에는 어떤 보물이 있는가?"

"있오".

"어떤 것인가?"

"당신의 머리다."

이 말에 가등청정의 얼굴은 파랗게 질렸다. 가등청정은 눈을 동그랗게 뜨고 물었다.

"그게 무슨 소리요?"

왜장들도, 우리 측 수행원들도 모두 긴장한 가운데 사명대사의 대답이 떨어졌다.

"조선 사람들은 그 누구를 막론하고 당신의 목 베이기를 원하고 있다. 당신의 목을 베어오는 사람에게는 천금의 상금을 주기로 했으니 이처럼 귀중한 보물이 어디 있겠는가."

농담처럼 들리는 이 대답에 오히려 가등청정의 기가 꺾이고 말았다.

담력과 기지가 뛰어난 사명대사인지라 그 이후에도 적의 진의를 탐색하는 일은 늘 그가 맡아 했으며, 마침내 일본으로 건너가 강화조건을 탐색하는 일도 조정에 여러 대신들이 있음에도 대사가 맡아 했다. 그 임무를 훌륭하게 수행했을 뿐 아니라, 잡혀간 포로들을 3천여 명이나 데리고 귀국하게 되었으니 외교적으로도 실로 놀라운 성과를 올린 셈이었다. 그래서 일본에 있는 동안 어떤 사람의 이야기로 "조정에 3명의 정승이 있다고 말하지 말라. 나라의 안위는 모두 한 스님의 귀국에 걸려 있다."는 말이 떠돌았다고 한다.

이상 임진왜란 당시의 사명대사의 행적을 들어보았지만 과연 그러한 담력은 선(禪)과는 어떤 관계가 있는 것일까? 나는 선에서는 삶과 죽음을 하나로 보는 데서 그럴 수 있다고 보고 싶다. 사람이 가장 두려워하는 것이 죽음인데 죽음을 사는 것과 다른 것으로 보지 않고 하나로 본다면 죽음을 두려워해야 할 이유가 되지 못하고 그러니 담력이 클 수밖에 없지 않은가? 그런데 사명대사는 당시 서산대사의 상좌로서 견성(見性)의 경지에 이른 선승이었으니 그럴만 하다는 생각을 할 수 있는 것이다.

인천의 주안에 가면 용화선원(龍華禪院)이 있다. 이 선원의 개창조는 전강선사인데 법당 안 중앙 불상 왼편에는 전강선사의 진영과 함께 그의 생사관이 액자로 걸려 있다. 이르되 '生也 是死也' 풀이하면 '산다는 것은 바로 죽는다는 것이다'이다.

선에서의 가르침 또한 그렇다. 선에서는 견성 즉 우주 만유의 성품을 깨닫는 것을 목적으로 하는데 그러기 위해 필요한 것은 '크게 한번 죽어야 한다'고 한다. 그만큼 목숨을 건 대결을 해야 한다는 것이다. 그래서 그 표현으로 '백척간두에서 진일보(百尺干頭進一步)하라'고 한다. 장대 끝에서 한 걸음 더 나아간다면 벼랑이 될 것이므로 떨어져 죽을 것이나 그럴 각오를 하고 정진해야 된다는 것이다. 가히 담력을 키울 만하지 아니한가? (2003. 6)

선사와 도둑

한 도둑이, 우연히 그 나라의 왕비가 나가르쥬나 선사를 찾아와 자기가 가지고 온 보석이 박힌 발우를 나가르쥬나 선사에게 주고, 자기는 나가르쥬나 선사가 사용하던 발우를 받아가는 것을 보게 되었다. 도둑질이 일상인 그는 나가르쥬나 선사가 받아가는 보석이 박힌 발우에 도심이 발동했다. 그래서 살살 나가르쥬나 선사의 뒤를 밟았다.

거처로 돌아간 나가르쥬나 선사는 도둑이 따라오는 것을 눈치챘지만 개의치 않았다. 도둑은 나가르쥬나 선사의 창 밖에서 나가르쥬나 선사가 잠들기를 기다리고 있었다. 얼마가 지난 후였다. 나가르쥬나 선사가 창문을 열고 문제의 보석이 박힌 발우를 휙 집어던졌다.

뜻밖의 일을 당한 도둑은 의외의 일이라 혼란스러웠다. 얼마쯤 있다가 나가르쥬나 선사의 방문을 두드렸다. 그냥 돌아서기에는 아무래도 마음이 개운치 않았던 것이다. 들어가도 되느냐고 묻자 안에서 들어오라는 대답이었다.

방 안에 들어온 도둑은 감격한 어조로 말했다.

"저도 언젠가는 스님과 같은 사람이 되겠습니다."

그러자 나가르쥬나 선사가 말했다.

"굳이 기다릴 것이 있겠소?"

도둑이 놀라 말했다.

"저는 너무나 오래 도둑질을 일삼아 온 사람이므로 안 될 일입니다."

나가르쥬나 선사가 다시 말했다.

"전혀 어려울 것이 없소. 도둑질은 계속 하시오. 다만 늘 자기가 하는 일을 지켜보기만 하면 되오. 그것도 할 수 없겠소?"

도둑은 그런 정도야 못하겠는가 싶어 해보겠다고 약속을 했다. 그리고 약속한 바대로 도둑질을 하면서도 자기가 무엇을 하고 있는지를 지켜보기 시작했다. 그런데 그러자니 도둑질을 할 수가 없었다. 사흘을 그렇게 해본 도둑은 나가르쥬나 선사 앞에 무릎을 꿇고 말했다.

"내가 하는 일을 지켜보면서 도둑질을 하자니 할 수가 없었습니다. 이제 스님을 따르겠습니다."

이상은 오쇼 라즈니쉬의 저서에 나오는 이야기를 생각나는 대로 줄여 적은 것이다. 우리는 이 이야기에서 선(禪)의 특성과 사람의 본성이 어떤 것인가를 간파할 수가 있다.

먼저 선은 본래의 자기 자신을 찾는 행위라 할 수 있다. 본래의 자기 자신은 어떤 존재일까? 사람도 진화의 과정을 거쳐 오늘의 인간이 되었다고 가정해보자. 사람의 원형이 어떤 것이었는지는 제쳐 놓고 최초의 존재는 백지처럼 오염되지 않은 상태였을 것이라는 것은 쉽게 이해할 수 있다. 그렇던 것이 생존환경에 시달리다보니 조금씩 조금씩 변해온 것이 오늘의 인간으로 진화되었을 것이다. 이와 같은 담론은 곧 인성론(人性論)과도 관련되는데 선에서는 인간의 심성은 본래 선(善)도 아니고 악(惡)도 아니라고 말하고, 그런 인격을 갖추라고 말한다. 그런 정신세계를 중도(中道)라고 말한다.

여기서 중도가 유교에서 말하는 중도(中道)와 어떻게 다른가 하는 의문이 따른다. 「중용(中庸)」에서의 중도는 '희(喜) · 노(怒) · 애(愛) · 락(樂)이 일어나지 않는 경지'를 중도라고 말하고 있다. 아직도 감정이 발하지 않은 만큼 어느 한 쪽으로 치우치거나 과불급이 없기 때문이다. 그리고 행하여도 과불급이 없는 적당한 도(度)에 맞고, 즉 절(節)에 맞는 화(和)가 다름 아닌 달도(達道), 그래서 중도(中道)라는 것이다

한편 불교에서의 중도는 희로애락 자체가 없는 경지를 중도라고 한다. 아예 희로애락의 원천이 되는 마음 자체가 없는 것이라고 가르친다. 앞에서 든 선도 아니고 악도 아니라는 말과 같은 뜻이다. 마음이 있는 한 자유롭지 못하다는 것이다. 그래서 공(空)을 말하고, 내려놓으라고 말하고, 깨끗한 거울처럼 별의 별 것이 나타나더라도 그저 지나갈 뿐 물들지 않아야 한다고 말한다.

선과 악을 분별하지 않으므로 편견이 없다. 편견은 희로애락의 집착에서 오는 것인데 집착이 원천적으로 없으므로 편 가르기가 없다. 그래서 선의 가르침은 사랑과 미움을 포함하여 미와 추, 나와 남, 옳다 그르다 등 모든 대대관계(待對關係)를 극복하라고 가르친다.

다시 앞에서의 도둑의 이야기로 돌아가 보자. 자기가 하는 일을 스스로가 지켜보노라면 자기가 하는 일이 좋지 않은 일이라는 것을 깨닫게 되고, 깨닫게 되면 그 일을 계속하지 않게 된다는 것이다.

그리고 또 한 가지 놀랄 일은 그 도둑이 무슨 경전을 공부 한다든가의 학습과정이 없었다는 것이다. 그것이 선의 특징이다. 선을 특징짓는 말로 불립문자(不立文字)를 말한다. 문자 즉 글로써 설 수 없다는 것이다. 앞에서 본 바와 같이 오직 한 가지 자기 자신이 하는 일을 지켜볼 뿐인 것이다.

그런데도 사람이 근본적으로 바뀐 것을 볼 수 있다. 그래서 라즈니쉬는 선을 21세기의 '대안종교'라고 말하기까지 한다. 지구촌 시대를 맞아 원하건 원치 않건 세계는 모든 문명이 한 마을에서처럼 뒤섞여 살지 않을 수 없고, 교리가 다른 종교의 신자들이 한데 엉켜 살다 보면 갈등이 늘어날 수밖에 없다. 왜냐 하면 각기 다른 경전에서 배운 신념체계가 있기 때문이다. 그런데 선에서는 중도 즉 어느 편에도 치우치지 않는 자세를 견지하고, 문자에 의하지 않고서도 사람을 변화시킬 수 있다면 그보다 더 좋은 대안이 있을 수 있을까?

(2006. 6)

세 마디의 "그래요?"

1600년대 일본의 승려로 '살아있는 부처'라는 칭송을 받던 하꾸인(白隱)이라는 선사가 있었다. 그런데 그 하꾸인 선사가 주석하고 있는 인근 마을에서 시집도 가지 않은 한 처녀가 임신을 하는 사건이 발생했다. 그러자 그 처녀의 아버지는 딸을 닦달하면서 아이의 아버지가 누구냐고 추궁하게 되었다. 다급해진 처녀는 가까운 절의 하꾸인 선사라고 대답했다.

처녀의 아버지는 하꾸인 선사를 찾아가 "사람들이 살아있는 부처라고 떠받드는데 당신이 그럴 수 있어?"라고 욕하며 책임지라고 윽박질렀다.

"그래요?"

그 말을 들은 하꾸인 선사의 대답이었다.

그 후 아이가 태어나자 그 처녀의 아버지는 아기를 안고 하꾸인 선사를 찾아가서 말했다.

"당신 자식이니 당신이 키우시오!"

"그래요?"

하꾸인 선사의 대답이었다.

절에서 아기를 키우게 되자 그 소문이 절 안팎에 널리 퍼져 그 절의 승려들은 창피한 일이라고 절을 떠났고, 그 절을 찾던 신도들도 발길을 끊었다.

1년이 지난 어느 날, 그 처녀는 아기 아버지가 동네 어물전에서 일하는 젊은이라고 고백했다. 하꾸인 선사라고 말하면 용서할 것 같아서 그렇게 대답했다는 것이었다.

그 처녀의 아버지는 황망하여 하꾸인 선사를 찾아가 용서를 빌었다.

"그래요?"

그 말을 들은 하꾸인 선사의 대답이었다.

참으로 거짓말 같은 이야기이다. '나', 즉 자아의식이 있는 사람이 그런 반응을 할 수가 있는가? 없다. "그래요?" 이 세 마디의 물음이면서 대답 같은 말이지만 상황은 다를 수도 있는데 일관되게 똑같다.

첫 번째 '그래요?'는 실로 얼토당토않은 생떼를 쓰는데도 받아들이고 있고, 두 번째 '그래요?'는 그동안 상황변화가 있을 수 있는데도 같은 반응을 한 것이며, 세 번째 '그래요?'는 모든 게 명쾌하게 밝혀졌는데도 여전히 같은 '그래요?'다. 그러고 보면 하꾸인 선사에게는 이 세상 어떠한 것이라도 모순되지 않는 것이니 지나치다 할 것인가? 모든 것을 수용할 수 있는 우주와 같은 도량이라고나 할까, 실로 부처의 모습이다.

우리는 이 이야기를 들으면서 어떻게 그럴 수 있을까? 하고 의문을 갖는다. 무엇이 그럴 수 있게 한 것일까? '나' 즉 자아의식이 없기 때문이다. 보통의 사람들은 '남'과 '나'를 분별하는 의식을 가지고 살아가고 있지만, 하꾸인 선사는 '남'과 '나'의 구별이 없는 것이다. 이른바 무아(無我)의식이 철저하기 때문이다. 그것이 붓다의 깨달음이고 실천인 것이다.

어떻게 그럴 수 있느냐고? 우주의 실상을 관(觀)해 보니 이 세상 어떤 사물도 자기 독자적으로 존재하는 것은 하나도 없고, 모두가 모두와 관련되어서만 존재할 수 있음을 깨달았기 때문이다. 태어남 자체가 나 스스로 태어날 수 없기도 하지만, 공기와 물 없이는 어떤 생물도 생명을 유지할 수 없는데 '나' 스스로 공기와 물을 만들어 쉬고 마실 수 없으며, 우리가 일용하는 음식물도 온 우주가 동원되어 만들어지는 것이라고 할 때 '나'를 독자적으로 존재한다고 할 수 없다. 그리고 세상을 그렇게 본다면 자아(自我)란 사실상 존재하는 것이 아님을 확실히 깨달았기 때문이다.

자아의식에 젖어있는 우리들 중생은 '나는 없다' 즉 무아를 말하면 감이 잡히지 않고, '허무주의에 빠지거나 염세주의에 빠지는 것이 아닌가?'라고 의식되기도 하지만 사실은 하꾸인 선사가 보여주는 대로 오히려 더 적극적인 삶의 자세가 되는 것이다.

지금은 서양철학도 실제론에서 관계론으로 즉 붓다의 깨달음인 연기론(緣起論)으로 바뀌어가고 있고, 자아도 무아로 바뀌어가는 추세이다. 지구촌시대에는 나의 개념도 패러다임적 전환이 있어야 하기 때문이다. 좁아져가기만 하는 지구촌에서 종교와 풍습이 다른 사람들이 뒤섞여 살아갈 수밖에 없는 것이 지구촌의 운명이라면 '나'를 내세우지 않는 무아사상이야말로 문명충돌을 막을 수 있는 유일한 대안사상이 아니겠는가? 그리고 이런 시대적 요구는 인류가 부족사회에서 국가단위로, 국가단위에서 국제연합단위로, 이제 다시 지구촌단위로 완성되어야 함을 말해주는 것은 아닐까?

그런 삶을 사는 사람의 경우 네 것과 내 것의 구별이 있을 수 없고, 네 것 내 것이 없다면 네 목숨과 내 목숨의 구별도 있을 수 없으며, 그렇게 볼 때 생과 사의 개념도 달라질 수밖에 없다. 즉 내 목숨이 따로 있는 것이 아니고, 남과 더불어 있는 것이니 죽고 사는 것이 '나' 하나의 없어짐과 아무런 상관이 없으므로 불생불멸로 볼 수도 있는 것 아니겠는가. 그리고 이렇게 생각할 때 하꾸인 선사의 화두 같은 '그래요?' 이 세 마디의 질문 같기도 하고 대답 같기도 한 말의 의문도 풀리는 것은 아닐까? 참선수행에서는 분별을 하지 않을 것을 요구한다. '너'와 '나'가 없으니 분별이 있을 수 없다. 나아가 선과 악, 미와 추, 사랑과 미움, 그밖에 어떤 것도 이원적인 사고를 탈피할 것을 요구한다. 이렇게 모든 분별의식이 없는 경지는 바로 우주 그 자체이고, 그래서 부처인 것이다.

(2007. 3)

입을 열면 그르친다

선(禪)격언에 '입을 열면 그르친다(開口卽錯)'는 말이 있다. 역시 비슷한 말로 불립문자(不立文字)라는 말도 있고…. 사람이 다른 동물과 구별되는 것 중 하나가 말을 하고 문자를 사용할 줄 아는 것인데 '입을 열면 그르친다'라니? 그러면 '사람이 사람다움을 부정하는 것이 아닌가?'라는 의문이 따름을 어찌 할 수 없다.

왜 선(禪)에서는 이토록 말과 문자를 불신하는가? 여기에는 까닭이 있다. 말이나 문자는 사물의 실체를 드러내지 못하기 때문이다. 물론 처음 말이나 문자가 생겼을 때에는 그 말이나 문자의 값이 온전하게 전해진다 할 수 있을지 모르나 그것이 다른 사람에게 전해지고 유통되면서 조금씩 의미내용이 변하여 처음의 의미와는 상당히 다른 게 유통되기 때문이다. 말이나 문자도 하나의 생명현상과 같은 것이니 어쩔 수 없는 일이라 하겠다. '언어의 타락'이라는 말도 그래서 나온 말일 테고….

그러나 이와 같은 현상은 언어 자체가 안고 있는 한계에서 그런 것이고 이보다도 더 근본적인 한계는 선의 본질적인 측면에서도 그렇다는 것이다. 그것은 우리가 지득한 지식이라는 것이 눈, 귀, 코, 혀, 몸, 의식에 의한 것인데 이와 같은 감각기관 또는 의식에 의한 지식을 실체로 보지 않기 때문이다. 보통 사람들은 감각기관에 의해 얻어진 지식이야말로 가장 확실한 것이라고 생각하는데 선에서는 이를 정면으로 부정한다. 그래서 일반적으로 지식을 많이 쌓는 것을 자랑으로 삼지만, 선에서는 아무것도 없는 텅 빈 경지까지 비우는 것을 권장한다.

그 까닭은 무엇인가? 지식은 '있음과 없음', '주관과 객관', '좋다 나쁘다', '예쁘다 밉다' 등으로 분별하기 때문이다. 왜 분별이 나쁘냐고? 거기에는 '에고'가 따르기 때문이다. '에고'는 모든 관계의 갈등의 원인이 되기 때문이다. 우주 만물과의 하나 됨을 가로막기 때문이다. 그래서 선에서는 말한다. '지극한 도는 분별하지 않는 데에 있다'고.

나는 여기서 커다란 문제에 봉착한다. 그 많고 많은 문명현상들이 모두 언어로 써지고 매개되어 이루어지고 있으니 이를 모두 가치 없는 것으로 받아들여야 하는 것이냐고? 문명이라는 것이 '에고'없이 발달할 수 있는 것이냐고. 그러나 어쩌랴, 도의 성질이 우주만물과 하나 되는 것이니….

이와 관련 성철스님의 법어가 생각난다. 그는 말했다.

"부처님께서 말씀하신 팔만대장경의 법문도 따지고 보면 모두

'달을 가리키는 손가락'에 지나지 않습니다. 그러므로 누구든지 '달을 가리키는 손가락'인 말과 문자에 얽매이는 일이 없이 궁극의 목표인 저 달, 곧 부처님의 법을 바로 보아야 합니다. 그렇다면 어떻게 해야 말로도 표현할 수 없고, 문자로도 나타낼 수 없는 부처님 법을 바로 알 수 있겠습니까? 그것은 '영원한 생명과 무한한 능력'을 가진 자기의 본래 성품을 바로 깨침으로써 가능합니다."

여기서 한걸음 더 나아가 부처님이 열반을 앞두고 하신 말씀이다. "나는 한마디도 말하지 않았다."라는…. 아니 팔만 사천의 법문을 하시고서도 한마디도 말하지 않았다는 뜻이 무엇인가? 그 많은 법문은 모두가 방편으로 한 말씀이라는 것이다. 진리는 말로는 할 수가 없다는 뜻이리라.

비슷한 이야기로 성철스님의 열반송이 생각난다. 성철스님의 열반송으로 다음과 같은 구절이 있다.

"일생 동안 남녀의 무리를 속여서(生平欺狂男女群) 하늘 넘치는 죄업이 수미산을 지나친다(彌天罪業過須彌). 산 채로 무간지옥에 떨어져서 그 한이 만 갈래나 되는데(活焰阿鼻恨萬端), 둥근 한 수레바퀴 붉음을 내뿜으며 푸른 산에 걸렸도다(一輪吐紅掛碧山)"라는….

이 성철스님의 열반송에 대하여 한 젊은 기독교 신자가 나에게 한 말이 생각난다. 그는 말했다. "우리나라 불교의 최고의 존경을 받는 스님이 마지막 가는 마당에 '평생 동안 남녀를 속여서 그 죄가 수미산보다 더 많고 그래서 산채로 무간지옥에 떨어진다 하였으니 어떻게 된 겁니까?"라고….

그는 이 말을 하면서 불교의 가르침이 형편없는 것 아니냐는 투로 말하는 것이었다. 당시 나는 이러한 물음에 대하여 미처 대답할 준비가 되어있지 않았었다. 그런데 이제 공부를 하다 보니 대체로 그 뜻이 무엇을 말하는 것인지를 어렴풋이나마 알 것 같다. 그것은 부처님의 열반을 앞둔 말씀 즉 '나는 한마디도 말하지 않았다'는 말과 맥락을 같이 한다 할 수 있다. 선의 세계에서는 진리는 말로는 표현할 수 없고 말로 표현된 것은 진리라고 말할 수 없으므로 그것은 거짓이라는 말이다. 이를테면 '달을 가리키는 손가락'이라는 것이다. 그런데 성철스님의 경우 출가 후 평생을 선 수행으로 일관했고, 또 법문을 통해 '달을 가리키는 일'을 해왔으니 그것이 거짓이라는 말이다. 아니 역설적으로 말한다면 선적(禪的)이면 선적일수록 거짓을 말할 수밖에 없는 것이 선승들의 일생이라 해야 할 것이다.

세상에는 종교발상의 근원을 말씀으로써 삼기도 한다. 그 말씀을 신의 말씀이라고 한다. 그러나 불교의 경우 신을 전제로 하는 종교가 아니므로 불교가 표방하는 진리를 붓다가 말함으로써 비로소 생긴 것이라고 말하지 않는다. 붓다 이전에도 있었고 이후에도 변함없는 것이라고 말한다. 연기법(緣起法)이 그것이다. "우주의 만상이 모두 상호 의존관계에 있다."는 의미이다. 이 연기법이야말로 어떠한 사람이 태어나건 안 나건 마찬가지라는 것이다. 다만 석가 모니 붓다가 우주의 진리를 깨달아 그의 입을 통해 말해졌을 뿐…. 그러므로 누구든지 그 진리를 깨달으면 붓다가 된다는 것이다. 누구든지 붓다 될 종자는 가지고 있으므로 깨달아서 붓다가 되라고 가르친다.

문제는 이 말로도 가르칠 수 없는 진리, 그래서 누구든지 스스로 터득하지 않고는 어쩔 수 없는 진리를 어떻게 하여 깨달을 수 있을까 하는 것이다. 오직 수행을 통해 비우고 또 비워서 텅 빈 경지, 그리하여 자기 자신까지도 없는….

(2010. 2)

동체대비(同體大悲)

이상한 사람이 붓다의 얼굴에 침을 뱉었다. 제자 아난다는 깜짝 놀라서 어쩔 줄을 몰랐다. 붓다는 얼굴에 묻은 침을 닦아내고 물었다.

"더 이상 할 일이 남았는가? 이게 전부인가?"

아난다가 참을 수 없어 붓다에게 말했다.

"스승님, 이 사람을 혼내줄 수 있도록 허락해 주십시오. 이런 사람은 벌 받아야 마땅합니다."

붓다가 말했다.

"아난다여, 그대는 구도자이다. 그런데 그걸 자꾸 잊고 있구나. 허허! 그는 불쌍하게도 충분히 고통과 벌을 받았다. 눈을 봐라. 핏발이 서 있고 부들부들 떨고 있다. 이 사람이 침을 뱉기 전에도 기뻐하고 즐거워하고 보통사람처럼 있었다고 생각하느냐? 그는 밤새도록 한숨도 못자고, 미칠 것 같은 상태에 있었으며 내 얼굴에 침을 뱉은 것은 그 광기의 결과일 뿐이다. 이 가엾은 사람에게 자비심을 가져라. 더 이상 무슨 벌이 쓸모가 있겠느냐? 나는 그저 얼굴의 침을 닦아내면 그만인걸."

아난다가 말했다.

"아닙니다. 스승님, 이 자를 혼내주지 않으면 또 그럴 겁니다."

붓다가 말했다.

"잘못을 저지른 것은 그 사람이다. 그런데 그대는 왜 자신을 벌하고 있는가? 나는 그대가 지금 부글부글 끓고 있는 것을 볼 수 있다. 만일 막지 않는다면 너는 이 사람을 죽이고 말 것이다. 이 사람이 미쳤던 것과 같이 너도 지금 미치광이상태로구나 허허! 큰 일이로군…."

붓다에게 침을 뱉은 사내는 붓다와 아난다의 대화를 듣고 당황했다. 그는 붓다가 크게 노할 것으로 생각했고, 그것이 그가 원했던 것이었는데 사정이 엉뚱하게 돌아가자 부끄러움에 어쩔 줄을 몰랐다.

그때 붓다가 말했다.

"집에 돌아가서 편히 쉬시오. 그대는 매우 피곤해 보이는구려. 이미 자신을 충분히 벌 했소. 침을 뱉은 건 잊으시오. 그것은 내게 아무런 피해도 미치지 못 했소. 이 몸도 먼지로 만들어졌으니 멀지 않아 흙이 되어 사람들이 그 위를 밟고 다니며 똥오줌도 버릴 것이요. 그대가 한 짓은 별게 아니요. 그러니 집에 돌아가 편히 쉬시오."

그는 극심하게 혼란스러웠다. 도무지 이해할 수가 없었다. 자신도 모르게 눈물을 흘리며 엉엉 울었다. 저녁때가 되자 그는 다시 붓다를 찾아가 꿇어 엎드리고 용서를 빌었다.

"죽을죄를 졌습니다. 저를 용서해 주십시오."

붓다가 말했다.

"내게는 그대를 용서하는 문제가 남아있지 않소. 화가 나지 않았기 때문이요. 그러니 어떻게 무엇으로 용서를 하겠소? 하지만 이것은 좋은 일이요. 그대의 얼굴이 더 침착해지고 편안해 보이니 나는 참 기쁘오. 다시 평온함을 되찾은 것을 보니 흐뭇하오. 자! 이제 기쁜 마음으로 가시오. 그리고 다시는 그런 행동을 하지 마시오. 그것은 그대 스스로에게 파멸과 지옥을 만드는 방식이기 때문이요."

이상은 cafe.daum.net/nicebook에 실린 것을 옮겨 실은 것이다. 나는 이 글을 읽고 나서 오랫동안 감동에서 떠날 수 없었다. 성인의 한 말과 행동이 어떠한 영향을 미칠 수 있는지에 대하여 다시금 새기고 또 새겼다. 그리고 이를 나 혼자의 것으로 하기에는 너무 아까워 다른 사람과 나누고 싶어 이 글을 쓰기로 했다.

내가 이 글을 읽고 느낀 것은, 성인은 어떠한 상황에서도 노하지 않는다는 것, 상대방이 옳지 않은 행동을 하게 된 것에 대해 한없는 연민을 느낀다는 것, 모욕이라는 것은 의미부여를 하기 나름이라는 것, 구도자는 성내서는 안 되며, 성내는 것만으로도 자기를 해친다는 것, 몸뚱이라는 것은 인격을 가진 것이 아니라는 것, 행불행은 자기가 만드는 것이라는 것, 단 한 번의 만남으로 사람을 180도 다른 사람으로 만들 수 있다는 것 등이다.

어떻게 남으로부터의 모욕을 모욕 아닌 것으로 받아들일 수 있는가? 철저하게 '나'가 없기 때문이다. 유마거사의 발병이 중생들이 아프기 때문이고, 경허선사가 문둥병 걸린 여인을 해인사 조실로 업고 들어와 한 방에서 재운 까닭이다. 그의 얼굴에 침을 뱉은 사람을 남으로 보지 않기 때문이다. 왜 남이 아닌가? '나'가 없기 때문이다. 왜 '나'가 없다고 보는가? 나의 태어남이 남에 의해 태어났고, 공기와 먹이 없이는 생명을 유지할 수 없는데 그것들은 온 우주가 동원되어 만들어지는 것이며, 내가 터득한 지식이나 지혜도 남으로부터 얻은 것이라면 무엇을 가지고 '나'라 할 수 있겠는가?

'나'가 없으면 '나'와 '남'의 분별이 없으니 '나'가 '남'이고, '남'이 '나'이므로 화낼 일이 안 되기 때문이며, 우주만물이 '나'이며, 그러하다면 삶과 죽음 또한 다른 것이 아니니 화낼 일이 아니란 말인가?

자, 어떠한가, 이런 사람 되고 싶지 아니한가? 어떠한 상황에도 걸림이 없는 사람, 그 거리가 너무도 아득히 먼 곳이기는 하지만 한 번 해 볼만 하지 않은가, 그도 사람, 나도 사람으로 태어났다면 한 번 도전해 볼만도 하지 아니한가? 이 생에 못하면 다음 생에서라도, 아니 다음다음 생에서라도….

(2011. 5)

6부

지구촌시대 어떻게 맞을 것인가

다문화사회의 화두

요즘 매스컴에 새로 등장한 용어로 다문화사회(多文化社會)라는 말이 있다. 문화가 '자연을 이용하여 인류의 이상을 실현시켜 나아가는 정신활동'이라 한다면 다문화사회란 인간이 지구상의 각기 다른 풍토에서 그 나름대로의 인류의 이상을 실현시켜 온 사람들이 한데 뒤섞여 살아갈 수밖에 없는 상황 속에 있다는 것을 의미한다 하겠다. 그리고 여기서 각기 다른 풍토란 자연적 조건인 기후와 토양, 인문적 조건인 언어와 풍속 또는 종교가 다르다는 의미이다.

다문화사회의 흐름은 필연적인 현상이다. 나라에 따라서는 미국처럼 기본적으로 이민에 의한 국가성립의 경우도 있지만 유럽의 경우에는 이미 이슬람 인구비중이 20%를 넘어섰고, 앞으로는 점점 더 인종과 종교와 풍습이 다른 사람들이 섞여 살 수밖에 없을 것으로 보고 있다. 왜냐하면 이미 국경의 의미가 점점 더 희박해지기도 하지만 노동력의 국제적 이동이 불가피해질 전망이기 때문이다. 선진국이면 선진국일수록 어린애를 적게 낳는 경향으로 노동인구가 감소해 외국에서 받아들일 수밖에 없기 때문이기도 하다.

여기서 우리나라에 와 있는 외국인 통계를 보기로 한다. 법무부 통계에 의하면 2007년 8월 23일 현재 국내 체류 중인 외국인은 93만 8,863명이고 장래전망은 우리나라 인구대비 2010년 2.8%, 2020년 5%, 2030년 6%, 2040년 7.4%, 2050년 9.2%로 증가할 것이라는 전망이다.

한편 우리 한국인이 외국에 나가 살고 있는 인구는 얼마나 될까? 외교통상부 통계에 의하면 90만 명을 넘어선 것으로 알려지고 있고, 대법원 발표 자료에 의하면 외국인과 결혼하는 비율이 1990년 1.2%에서 2006년 11.6%로 10배가량 급증했음을 보여주고 있다.

서로 다른 문화적 배경 속에서 살아온 사람들이 하나의 사회 속에서 살아가려면 언어와 풍속의 차이로 인해 여러 가지로 불편한 점에 부딪치게 되고, 갈등과 충돌요인이 될 수도 있다는 것을 의미한다. 그중 가장 화해하기 어려운 것이 민족주의의 이념과 종교적 교리의 상이에서 오는 갈등이다.

민족주의의 이념 중 우리의 경우 이른바 '단일민족'이라는 정체성의 견지인데 이에 대해서는 2007년 8월 18일 유엔 인종차별철폐위원회(CERD)가 우리 정부에 대해 '단일민족을 강조하는 것은 인종차별적 행위에 해당할 수 있으므로 정부가 인종과 타 국가 출신에 대해 차별을 근절하기 위해 앞장서야 한다.'고 권고하는 한편 '인종차별을 법적으로 정의하고, 헌법에 명시' 할 것을 요구해 온 바 있다.

다음 종교적 교리의 차이에서 오는 불협화음에 대해서이다. 종교는 그 교리가 교주에 의해 정해진 것이므로 교리 자체를 변경하는 것은 국가권력에 의해서도 간섭하지 않는 것이 현대국가의 일반적인 경향이다.

그런데 이와는 반대로 이슬람의 경우는 현대에 이르러서도 종교의 선택 즉 다른 종교로의 개종이 법적으로 금지되어있기도 하다. 실제로 2006년 터키에서는 한 이슬람 청년이 기독교로 개종했다는 이유로 법정에서 사형언도를 받게 되어 미국 대통령 부시가 터키 대통령에게 전화를 거는 사건이 있었다.

그리고 우리나라의 경우 2007년 성남의 샘물교회에서는 일행 23명이 파키스탄에 봉사를 명분으로 갔다가 이슬람 탈레반에 납치되어 인솔책임자인 목사가 살해되는 사건이 있었다. 이후 사태수습과정에서 이슬람 한국교회 지도자가 파키스탄에 파견되어 이슬람 현지 지도자들과의 대화과정에서 이슬람 지도자의 말을 전해들은 바가 있는데 그 말인즉 샘물교회가 한 행동은 '총칼만 들지 않은 선교'로 받아들이더라는 것이다. 결국 목숨을 걸고 개종을 시키려고 가고, 또 목숨을 걸고 개종을 해야 한다는 말이다.

그리고 문명 간의 갈등현상은 2000년 9월 11일 미국의 세계무역협회관인 쌍둥이빌딩 폭파사건이나 2007년 영국에서 발생한 이민자들의 불만에 의한 열차테러음모사건에서 그 예를 볼 수 있다.

다음 문화충격의 예로 유럽의 경우 풍속이 다른 데서 오는 갈등이 있으니 이슬람 여인들이 쓰고 다니는 히잡이 그것이다. 각급

학교에 이슬람 여학생들이 히잡을 쓰고 등교하는 것에 대해 거부 반응이 일어나고, 프랑스 국민의 경우 남녀 모두 신분증명서에 붙이는 사진은 머리에 아무것도 두르지 않은 사진이어야 하는데 이슬람 여성들은 율법상 히잡을 벗고 사진을 찍기를 거부한 사태가 발생한 것이다.

우리나라의 경우에도 국제결혼가정에서 언어와 풍속의 차이로 인한 충격이 매스컴을 통해 심심치 않게 보도되고 있다. 그 충격이란 당대에서만이 아니라 제2세에까지도 미쳐 국가 정책적으로도 대책을 세우지 않으면 안 되는 상황에 이르렀다는 것이다.

이상으로 다문화사회가 안고 있는 문제에 대해 언급해 보았지만 그렇다면 이에 상응하게 사람들 자체도 시대상황에 맞게 변해야 하는 것은 아닐까? 시대상황은 크게 변하고 있는데 사람은 변하는 것이 없다면 화를 자초할 것임은 자명한 일이기 때문이다. 나는 그 대안으로 논어(論語)에서 말하는 화이부동(和而不同)을 들고 싶다. 즉 '남과 화목하되 같지는 않다. 또는 같지는 않되 화목하게 지낸다.'는 말이다. 이제는 나와 같은 사람끼리만 가까이 지내는 시대가 아닌 것이다. 다만 그러기 위해서는 내 종교 또는 내 풍속이 최고라는 의식을 버려야 한다.

인간이 이 지구상에 나타난 이후 정주형태가 확대되는 과정에서 끊임없이 사회화의 과정을 겪어왔지만 어쩌면 금후야말로 완성을 향한 사회화가 아닐까? 지구를 단위로 한 공동체생활 말이다.

(2005. 5)

지구촌시대와 인간

지구촌, 누가 처음 명명했는지는 모르지만 엄청 중요한 과제를 인류에게 환기시키는 단어임에 틀림이 없다. 인류가 이 지구를 터전으로 삶을 영위하기 시작한 이래 이토록 폭넓고 박진감 있는 삶의 환경을 맞이한 일이 없었을 것이니까. 어차피 의식을 가진 인간으로서는 사회화의 과정에 따라 그 의식도 확대되어 갈 수밖에 없는 일이기도 하지만 어쩌면 더 이상은 넓힐 수도 없을지 모르기 때문이다.

인간의 사회화의 과정을 생각해본다. 갓난아이가 태어나면 먼저 엄마와 주변의 가족과의 접촉을 통해 이 세상이 어떤 곳인지 알게 되고, 그 다음이 지역사회, 국가, 그리고 세계 속의 자신을 발견한다. 그런데 그런 과정이 서서히 다가오는 경우 별 문제가 없지만 급작스러울 때에는 충격으로 다가와 이른바 문화충격이 되고, 그것이 문명 간의 갈등으로 발전하는 것이 문명충돌이며 전쟁이다.

그런데 지금 우리가 맞이한 사회는 지구를 단위로 한 사회화인 것이다. 그것도 정보화로 인한 실시간 동시권속의 사회화이다.

이제 인류는 별로 역사적으로 함께 한 적이 없는 사람들과 한 마을에서 삶을 영위해야 한다. 이때까지는 아득한 옛날부터 대대로 이어져온 선조들의 생활방식 또는 윤리도덕과 풍습에 따라 살며, 그것이 가장 옳고 귀중한 것으로 교육되고 의식하며 살아왔다. 그런데 지금은 다르다. 단일민족이라는 것을 자랑해서는 안 된다는 유엔의 권고가 있고, 이민인구의 점차적 증가로 유럽의 경우 이미 그 비중이 20%를 넘어섰다고 한다. 우리나라에도 외국인국적인구가 110만 명을 이미 돌파하고 있다. 그리고 최근의 우리나라 결혼가정의 10분의 1은 외국인과의 결혼으로 나타나고 있다. 그 결과 다문화가정이 급격하게 늘어가고 있고….

나름대로 지구촌의 현재의 상황을 점검해본다. 각기 서로 다른 나라에서 따로 살다가 함께 섞여 살다보니 말이 통하지 않는 것은 물론 생활풍습 또한 달라 불편이 많다. 그중에서도 가장 어려운 것은 종교적 신념의 차이이다. 종교적 신념은 그것이 이미 그 사람의 인생관・세계관과 결부되어 있어 쉽게 포기할 수 있는 일이 아니다. 그래서 이민해서 살고 있는 인구 중 상당수는 그 나라의 생활풍습을 수용하기에 거부감을 느끼는가 하면 갈등으로 발전, 과격화되거나 테러로 발전되는 것을 볼 수 있다. 몇 가지 노출된 사례를 보기로 한다.

먼저 생활풍습의 차이에서 오는 갈등으로, 프랑스에서 있은 일이다. 이슬람 여성들은 외출 시 반드시 히잡을 머리에 두르고 다닌다. 그런데 프랑스 내 각급 학교에서 학생 간에 이질감으로 작용하여 학교장들은 이슬람교도 여학생들이 히잡을 쓴 채 등교하는 것을 거부하기에 이르고, 교사들이 정부에 금지조치를 요구하면서 파업을 벌이기도 했다. 그런가 하면 이슬람 여성들의 경우 신분증 사진을 찍으면서 스카프를 벗고 찍기를 거부하기에 이르렀다.

이러한 사태가 발생되자 당시의 프랑스의 내무장관이 프랑스 내 이슬람 단체연합총회에 가서 "신분증명사진을 찍을 때, 남성이건 여성이건 모두 머리에 아무것도 써서는 안 된다고 법은 명시하고 있다며, 이슬람 여성이라고 해서 다른 특례를 줄 수 없다."고 선언한 것이 문제가 된 적이 있다.

다음은 타 인종에 대한 혐오행위이다. 몇 년 전, 러시아에서는 한국인 유학생이 인종혐오주의자에 의해 살해된 사건이 발생하여 큰 충격을 준 바 있지만, 얼마 전에는 우리나라에 체류 중인 아랍인 지식인에 대해 전철 안에서 한 우리나라 젊은이가 '냄새가 난다'고 말했다가 기소된 사건도 있었다. 모두 나와 다른 것에 대한 배타적 심리가 무의식 속에 자리 잡고 있다가 표출되어 일어난 사건이라 할 수 있다.

종교적 갈등 또한 심각하다. 아직도 이슬람은 다른 종교로 개종하는 경우 율법에 따라 사형에 처하도록 되어있다. 그런데 2006년 3월 25일 자 외신보도에 의하면 터키의 한 청년이 이슬람교에서 기독교로 개종했다는 이유로 법정에서 사형위기에 처한 사건이 발생했다. 이 소식을 들어 알게 된 미국의 부시대통령과 라이스 국무장관이 나서자, 터키의 보수적 이슬람 성직자들은 "만일 정부가 서방의 압력을 받아 이에 개입하면, 그가 사람들에게 찢기어 죽도록 할 것"이라고 경고했다고 보도된 바 있다.

이 대목에서 생각나는 것이 있다. 우리나라 분당에 있는 '샘물교회'에서 아프칸에 봉사활동을 하려고 갔다가 남녀 총 23 명 중 남자 2명이 탈레반에 납치되어 살해되고, 나머지 21명도 납치된 지 42일 만에 정부와 이슬람 한국 본부 임원으로 구성된 대표단을 파견, 협상 끝에 귀환된 사건 말이다. 그 후 '한국 종교연합선도기구' 모임에 이슬람 한국본부에서 나온 임원의 이야기를 들은 적이 있다. 당시 탈레반 측에서 나온 대표는 말하기를 한국에서 갔던 봉사단을 일러 "총칼만 안 든 침략 아닌가?"라고 말하더라고 했다. 그러고 보면 이 첨예한 시대상황에서 그래야 하는 것인지 다시 한 번 생각해야 할 일인 것 같다.

끝으로, 핵무기의 위협이 점점 더 확산되고 있다는 것이다. 핵무기를 사용할 수 있는 기회는, 핵무기의 소형화에 따라 점점 가능성이 커지고 있다고 한다. 이를 억제할 수 있는 것은 인간의 마음에 달린 것인데 그 마음을 통제할 수 있는 장치는 안정적이지 못하다는 것이다.

이제 좋으나 싫으나 한데 어울려 살지 않을 수 없는 시대이다. 사회정세가 바뀌면 인간의 의식도 바뀌어야 함은 당연한 일이다. 우리는 그것을 패러다임의 변화라고 말한다. 지구촌화는 인류역사상 가장 거대한 정세의 변화이다. 가장 큰 변화인 만큼 인간의 마음도 커져야 한다. 분별심이 없는 마음, 무심도인과 같은 마음을 가져야 한다. 과연 우리 인류는 이 거대한 역사적 과제를 슬기롭게 헤쳐 나갈 수 있을까?

(2006. 8)

지구촌시대와 종교

벌써 3년 전의 일이다. 분당에 있는 샘물교회의 아프카니스탄 파견 봉사단원에 대한 탈레반의 납치살인사건은 온 세계에 크나큰 충격으로 받아들여진 바 있다. 한두 사람도 아닌 23명의 목숨이 탈레반에 납치돼 그중 2명은 피살되고 피랍된 지 수 개월 만에 우리 정부의 대표단, 그리고 이슬람 한국본부의 대표들의 노력으로 나머지 21명이 석방되어 귀환한 바 있음은 우리가 다 잘 알고 있는 바이다.

생각해 보면 이 사건은 전혀 뜻밖에 일어난 일은 아니었다. 이미 2명의 우리 국민이 저들에 의해 목숨을 잃은 바 있었고, 다른 나라 국민도 같은 사건으로 희생된 사건이 여러 번 발생된 바 있기 때문이다.

그런데 우연인지는 모르지만 그 절체절명의 위기에 지구촌의 상황인식에서 근본적인 재검토를 요하는 책이 출판되어 일간신문에 해설기사와 함께 접하게 되었다는 것이다. 그 책은 리챠드 도킨스(Richard Dawkins · 66)의 『만들어진 신(원제 The God Delu-sion · 김영사)』과 미국의 저술가인 샘 해리스(Sam Harris · 40)의 『종교의 종말(원제 Gad End of Faith · 한언))』이다. 제호 자체가 너무나도 충격적이다.

'만들어진 신'이라니?, '종교의 종말'이라니? 그러면 지금 이 세상에 존재하는 각 종교 중 신을 믿는 종교는 사람들의 관념에 의해 만들어진 것이란 말인가? 수천 년 동안 수백억의 사람들이 철석같이 믿어온 신의 창조론은 거짓이란 말인가? 그리고 수십억 인구가 믿는 종교가 없어질 것이란 말인가? 정말로 충격적인 일이 아닐 수 없다.

인류적 가치에 대한 근본적인 재검토를 요구하는 담론에 대하여 인류 역사상 이제까지 이처럼 노골적으로 부정적인 견해를 밝힌 책도 드물 것이다. 따라서 적어도 지성인이라면 한 번쯤 집고 넘어가야 할 일이라고 생각된다. 그렇지 않아도 21세기에 들어 지구촌에 문명의 갈등으로 인한 분쟁이 격화되는 것을 보면서 관심을 가져온 사람이라면 무심할 수 없는 것이 오늘의 정세이기 때문이다. 그 논리의 개요를 보기로 한다.

먼저 『만들어진 신』에 대해서이다. 이는 '창조론'을 근본적으로 뒤집는 견해로서 오늘날 기독교계통과 이슬람계통의 신을 포함한, 신을 믿는 종교는 부정되고, 이에 따른 경전은 모두 허구가 되어,

종교의 성립 자체가 크게 흔들리지 않을 수 없다.

도킨스는 말한다. 신은 절대자가 아니라 '존재할 수도 있고, 그렇지 않을 수도 있는 가설'이라고 말하고, 알 카에다나 탈레반 같은 극단주의자들 뿐 아니라 '신앙 그 자체를 반대해야 한다.'고 외치고 있다. 그리고 '이슬람과 기독교는 모두 아이들에게 의문을 품지 않는 믿음이 덕이라고 가르친다.'며 '온건한 종교의 가르침은 비록 그 자체로는 극단주의적이지 않아도 극단주의에 이어지는 공개초청장이 된다.'고 주장하고 있다.

해설기사는 말한다. 만약 기독교와 이슬람교가 없었다면 '자살폭파범도, 9·11도, 십자군도, 마녀사냥도, 이스라엘과 팔레스타인의 전쟁도, 보스니아 대량학살도, 명예살인도, (중략) 없는 세상'이 될 것이며, '세심하고 미묘한 종교가 주류라면 세계는 확실히 더 나은 곳이 되었을 것이고, 나는 다른 책을 썼을 것이다.'라고.

그리고 이어서 말하기를 '우울한 사실은 이런 유형의 절제되고 온건하고 개혁적인 종교가 소수파라는 것이다. 세계 신자들의 대다수는 제리 팔웰 목사, 오사마 빈 라덴, 아야톨라 호메이니 같은 지도자들에게서 엿볼 수 있는 것과 너무나도 유사한 종교를 믿는다는 것이다.'

다음은 미국의 저술가 샘 해리스가 펴낸 『종교의 종말』의 해설기사를 보기로 한다. '야훼나 알라 같은 말이 아폴로가 간 길을 걷지 않으면 이 세계는 파멸을 맞게 된다.'고 주장하고, '전쟁기술의 보급으로 우리의 종교적 믿음이 우리의 생존을 위협하게 되었다.'고 주장하면서 '우리 이웃은 지금 생화학무기와 핵무기로 무장했기 때문이다.'라고 말하고 있다.

한편 같은 논조의 하치스는 '종교가 어떻게 모든 것에 해를 끼치는가(How Religion Poison Everything)'라는 글에서 나치스의 만행을 묵인하고 방조한 로마교황청 등을 예로 들면서 '종교가 없어야 세상이 좋아진다.'고 주장하고 있다.

이상 리챠드 도킨스와 해리스, 하치스 등의 종교에 대한 부정적 의견을 들어보았지만 과연 이러한 의견에 대하여 우리는 어떻게 생각해야 하는 것일까? 왜 반박의 논리는 전개되지 않는 것일까? 만약 반박의 논리가 성립되지 않아서라면 전 세계의 종교 신자들은 어처구니없는 맹신을 하고 있는 셈이라 할 것이다. 그리고 이미 세계사에서 본 것처럼 종교의 이름으로 전쟁을 한 전례를 생각할 때 이들 종교의 성격이 기본적으로 바뀌지 않는 한 그 가능성은 더욱 커져가고 있는 것은 아닐까 생각되는 것이다. 그 이유는 세계는 지구촌시대를 맞아 점점 다른 문명권과의 관계가 첨예화되어가는 추세이기 때문이다.

시대상황이 바뀌면 시대를 살아가는 사람들의 마음도 바뀌어야 하는 것이 자연스런 흐름이라 할 것이다. 패러다임의 전환이 요구되는 것도 그런 의미일 것이다. 그러나 유일신을 믿는 종교의 경우 그 경직성으로 인하여 과연 유연성 있는 변화를 기대할 수 있을까? 유일신은 오류가 없다고 확신하고 있을 것이니….

이 글을 쓰고 있는 5월 22일, 외신이 전하는 바에 의하면 미국의 부시대통령에게 보고하는 미국 국방성의 대 이라크 전 극비 문서 표지에 '네가 어디로 가든지 네 하나님 여호와가 너와 함께 하느니라 하시니라.'라는 성경구절이 기재되어 있었다고 한다. 과연 인류는 이 문제를 어떻게 풀어갈 수 있을까? 21세기의 화두이다.

(2006. 10)

미래의 종교

어제 저녁에는 지역문인회의 정기 낭송회에서 종교에 관한 수필을 발표하기에 앞서 이웃 종교인과의 관계가 조심스러워 사전 양해를 구하고 낭독한 바가 있다. 내 수필의 핵심은 이제 지구촌의 삶을 살 수밖에 없는 상황 속에서 유일신을 믿는 두 종교가 한 마을에서 과연 평화롭게 살아갈 수 있겠는가가 21세기 이후 인류의 최대의 화두가 될 수밖에 없다는 내용이었다. 여기서 두 종교란 기독교권과 이슬람권을 말하는 것이다.

낭송회가 끝나고 저녁을 먹는 자리에서 원로목사이고 문학박사인 원로문인에게 은근히 두 종교 간의 평화가 가능하겠는가를 물었더니 부정적인 견해였다.

그렇다면 어찌해야 한단 말인가? 요는 이 두 종교가 근본적으로 바뀌는 것이 바람직하다는 것이다. 그렇지 않을 경우 두고두고 분쟁의 불씨로 남아있고, 지역분쟁이 지구촌 전쟁으로 확대될 가능성을 배제할 수 없을 것이기 때문이다.

오늘 아침 배달된 신문을 보니 아시아협력기구(IACD)라는 기독교단체가 8월 3일부터 7일까지 아프카니스탄의 수도 카불에서 한국인 2천명이 참여하는 '2006 평화행사'에 참석하기 위해 파키스탄에 입국했으나 파키스탄당국으로부터 강제출국 당했다고 한다.

파키스탄이 어떤 나라인가? 이슬람국가이고 자살특공대를 지원하고 있는 텔레반과 알카에다 같은 테러조직이 활동하고 있는, 정세가 불안한 나라 아닌가? 행사의 목적은 '아프카니스탄을 돕자는 봉사활동이자 평화행사'라고는 하지만 지금 기독교권이라 할 수 있는 이슬라엘과 이슬람국가인 라오스간의 전쟁이 벌어지고 있고, 시리아가 라오스를 지원하려는 기미가 있는 때 아닌가?

아마 행사주최측은 저들이 잘못 생각하고 있는 것을 사랑으로 깨닫게 하기 위해 아직도 사회정세가 불안한 곳을 마다하지 않고 큰 사명감을 가지고 갔던 것이리라.

그런데 선교의 대상은 어떤가 하면 저들은 개종을 용납하지 않는 종교라는 것이다. 그리고 이슬람권의 기독교권에 대한 자살특공대의 활동은 줄어들 기미가 보이지 않고, 어차피 세계는 엄정중립을 지킬 수는 없는 것이 사실이라면 기독교권 이외의 나라라고 안심할 수 없는 것이 오늘의 실정이다. 얼마 전의 신문보도에 의하면 지금 유럽 인구의 20%는 이슬람권 인구가 점하고 있으며, 우리나라에도 10만 명 정도가 들어와 살고 있다고 한다. 그리고 이러한 추세는 날이 갈수록 더 촉진될 것은 자명한 일이고….

세계화의 정도가 별로였던 때는 종교가 다르고 생활풍습이 달라도 별로 문제가 되지 않았다. 서로 뚝 뚝 떨어져서 살 때에는 아예 문제될 이유가 없고, 다소 교류가 있는 경우에도 그 수가 미미하여 별로 문제가 되지 않았으나 인종백화점이라는 말까지 나오게 된 오늘날에는 한 나라에 수십만 내지 수백만의 다른 종교, 다른 문명권의 사람들이 뒤섞여 산다고 할 때 언제든지 갈등요인으로 작용할 수 있음은 미루어 짐작할 수 있는 일이다. 더구나 인터넷이 발달하여 정보가 전 세계에 동시권적으로 전파되고, 앞으로 타인종 간의 생활이 가속적으로 촉진될 수밖에 없는 미래를 생각할 때 과연 문명충돌은 걱정하지 않아도 되는 것일까?

사실은 일찍부터 이런 문제를 의식, 종교 간의 화해가 제창되기는 하였으나 한 종교의 성립 자체가 유일 절대신을 전제로 한 것이라고 할 때 한계가 있을 수밖에 없는 것 아닐까? 아니 기독교권과 이슬람권간에도 종교 간의 대화가 있었는지 모를 일이다.

그러면 이들 두 종교의 교리가 바뀔 것을 기대할 수 있을까? 거의 불가능한 일 아닐까? 적어도 제3차 세계대전이 일어나기 전까지 만이라도 변하여 지구촌을 핵무기로 전면 파괴하는 일까지는 면할 수 있을까?

얼마 전 우리 지역문인회에서 발표된 수필작품에서 제1차 세계대전 발발의 비화가 떠오른다. 1차 세계대전의 발단이 한 집권자에 대한 저격계획을 알고, 행사장 코스를 바꾸기로 하여 운전사에게 지시한 바 있으나, 운전사의 건망증으로 당초계획노선으로 가는 바람에 저격을 받은 것이 전쟁발발의 요인이었다고 했다.

그렇다고 인류 석학들의 미래종교에 관한 연구가 있는 것 같지도 않다. 문제의식이 없어서일까? 대안이 없어서일까? 이런 생각을 하면서 바람직한 미래종교의 조건을 떠올려 본다.

첫째, 미래종교는 현재 있는 각 종교의 교리를 초월하는 것이라야 할 뿐 아니라 언어까지도 초월하는 것이라야 한다는 것이다. 왜냐 하면 어느 종교에 치우치면 다른 종교가 수용할 수 없을 것이고, 또 경전은 모두가 서로 다른 문자로 써져 있어 배우기 어렵기 때문이다.

둘째, 미래종교는 지구촌 차원의 환경문제를 해결할 수 있는 교리여야 한다는 것이다. 지구환경문제는 잘 살고 못 살고에 관계없이 피해를 볼 수밖에 없는 사안이고, 단순히 자연보호의식만으로는 효과적인 대응이 어렵고, 인간 자체가 자연이라는 의식화가 필요하기 때문이다.

셋째, 미래종교는 과학과 종교가 함께 발전할 수 있는 아량이 있어야 할 것이다. 현재의 일부 종교는 과학이 수용할 수 없는 사례도 있으며, 그렇다고 앞으로 과학의 발전을 가로막아서도 안 될 것이기 때문이다.

소박하나마 이상의 세 가지 조건을 충족하는 종교가 현재 있는가? 할 때 그중에서 가장 가까운 종교는 불교라 해야 할 것이다. 왜냐하면 불교의 경우 종교의 성립이 유일신을 전제로 하지도 않았을 뿐 아니라 환경문제와 관련해서는 계율의 첫째가 '살인하지 말라'가 아니라 '살생하지 말라'라고 되어있고, 만물이 서로 의존적인 관계로 보며, 남과 나를 둘로 보지 않으며, 과학과도 전혀 모순되는 것으로 보고 있지 않기 때문이다.

다만 한 가지 불교경전도 언어의 장벽을 넘지 못한다고 할 때 이에 대한 대안이 있어야 할 것인데 이에 대해서는 참선 명상이 대안이 될 수 있기 때문이다.

참선 명상은 그 시원이 고대 인도에서 발달, 중국과 동아시아 또는 동남아로 유포된 것인데 참선 명상은 원래 불립문자(不立文字)라 하여 문자를 꺼려하기조차 한다. 종교의 경전은 교리가 생명이고, 그 교리는 신념체계로 작용하고 있어 이를 버리지 않는 한 영향을 안 받을 수 없다고 생각할 때 충분한 고려의 가치가 있다 할 것이다.

그리고 참선 명상은 그 목표 자체가 수행자 자신이 우주와 하나되는 것을 기본으로 하고 있어 지구촌시대에 가장 잘 어울리고, 따라서 지구환경문제와도 모순되지 않으며, 과학과도 모순되지 않으니 적어도 인류가 개발하고 경험한 지혜로서는 더 나은 것이 없지 않을까 하는 생각이다.

한편 미래종교에 관한 석학들의 어록이 있는가를 조사해보았으나 필자의 과문 탓인지 이렇다 할 것이 없고 다만 20세기가 배출한 최고의 과학자 아인슈타인의 의견이 있어 소개한다. 아인슈타인은 말했다.

"미래의 종교는 우주의 종교가 될 것이다. 그것은 인간적인 하나님을 초월하고, 교리나 신화을 넘어선 것이다. 그것은 물질적인 자연세계와 정신세계를 모두 다 포괄하면서 물질적 자연세계와 정신세계의 모든 경험으로부터 발생하는 종교적인 감응과 이러한 세계들을 포괄하는 의미 있는 단일체에 기반을 두어야 한다."

싸움의 원초적인 발단은 '너는 나와는 다르다'는 데에 뿌리를 두고 있다. 그러므로 사람과 사람 간은 물론 사람과 자연과도 하나라는 의식의 발전이 필요한 바 이는 참선 명상의 공통된 선지(禪旨)이고 공통된 목표이다.

도시민에게는 시민의식이 필요하듯 지구촌에는 지구촌에 알 맞는 지구촌의식이 필요하다. 주거공간이 변했다면 그 변화에 상응하는 의식의 변화가 있어야 하고 그것으로써 지구문명의 완성이 이루어져야 한다.

(2007. 12)

배려문화

한 어린이가 횡단보도를 건너는데 중간쯤에 와서 횡단보도구역에서 벗어나 대각선으로 질러 건너는 것을 본 한 중년부인이 그 어린이를 불러 세우고 볼기를 치고 있었다. 그 순간 다른 한 젊은 부인이 다가와 볼기를 치고 있는 중년 부인에게 하는 말이었다.

"정말 고맙습니다. 저는 이 아이의 엄마입니다만 제가 제대로 가르치지 못한 것을 부인께서 가르쳐 주시니 무어라 고마운 인사를 드려야 활지 모르겠습니다."

앞에서 인용한 이야기는 내가 다니고 있는 '한시강좌'에서 한시를 가르치고 있는 조한홍 선생님이 영국여행을 하시면서 목격한 것을 전해들은 이야기이다.

만약 우리나라에서 위에서와 같은 일이 벌어졌다면 상황은 어떻게 전개되었을까? 아마 그런 상황이 전개되지도 않을 것이지만 전개되었다 할지라도 그 아이의 볼기를 친 부인은 그 아이의 엄마로부터 "남의 아이를 왜 때리세요!" 하고 한바탕 항의 소동이 일어났을 것임에 틀림이 없다.

아무튼 같은 상황인데도 왜 영국의 문화에서는 내 자식을 남이 때리는 데도 고맙게 받아들이는데 우리는 오히려 왜 남의 아이에게 매질을 하느냐고 항의하게 되는 것일까? 그것이 문화의 차이이다. 공감대의 형성에서 차이가 있다는 말이다. 우리의 엄마들에게는 내 자식 귀한 것은 잘 알지만 내 자식의 잘못에 대하여 남이 매질하는 것은 안 될 일이라는 공감대이기 때문이다.

얼마 전의 일이다. KBS-1TV의 '아침마당' 특집프로에서였다. 그 프로는 세계화 내지 지구촌시대에 우리가 어떻게 대처해야 하는가 하는 것이 주제였는데 미국에서 다년간 살다가 온 한 중년여성 패널의 이야기이다. 그녀는 말했다. '미국인들이 일본인과 한국인을 대하는 태도에 차이가 있는데 그 까닭은 일본인은 남을 배려하는 자세가 우리와는 현저하게 다르기 때문'이라고.

그러면 일본의 경우와 우리의 경우에 무엇이 다르기에 그렇게 된 것일까? 그것은 일본의 엄마들은 자식이 어릴 때부터 '절대로 남에게 폐되는 일을 해서는 안 된다'는 것을 철저히 가르치기 때문이란다.

우리의 경우를 생각해본다. 전철을 탔을 때 또는 음식점에서 어린이가 홀 안을 이리 저리 휘젓고 다니는 경우 누가 간섭하여 어린이의 행동을 제지했다고 하자. 아마 대부분의 엄마들은 아이의 기를 죽인다고 불평을 할 것임에 틀림이 없다. 결국 우리의 경우는 남에게 폐를 끼치는 아이가 될지언정 기죽은 아이가 되는 것을 더 꺼리기 때문이리라.

우리 속담에 '세살 버릇 여든까지 간다.'는 말이 있다. '습관은 제2의 천성'이라는 말도 있고…. 물론 장성해서 나쁜 버릇을 고칠 수도 있지만 그러기 위해서는 자각의 계기가 수없이 있어야 하고, 몇 번이고 실수를 거듭한 끝에 고쳐지는 것이 일반적인 예이다. 가장 쉬운 것은 어릴 적부터 습성화시키는 것이다.

우리는 얼마 전까지만 해도 흔히 우리나라를 일컬어 '동방예의지국'이라고 했다. 이 말의 어원이 어떻게 된 것인지는 알 수 없지만 적어도 오늘의 견지에서는 결코 그렇다고 볼 수 없다는 것이 나의 소견이다. 아마 지금으로부터 백여 년 전이라면 모른다. 그때의 예의는 '삼강오륜'이면 다였으니까.

그러나 지금은 다르다. 지금은 다중사회이다. 불특정다수인 즉 전혀 내가 낯도 익지 않은 사람들과 어울려서 살아가지 않으면 안 되는 사회인 것이다. 어디 그뿐인가? 지금은 지구촌시대, 우리와는 문화적 배경이 크게 다른 사람들과 함께 어울려서 살아가야 하는 시대이다. 이런 사회에서는 윤리도덕의식에서 '패러다임적인 전환'이 있어야 하는 것이다.

그런데 우리의 경우 산업화가 늦고 도시화가 늦어 서구의 여러 나라들처럼 도시 즉 다중사회에서의 행동양식인 시민윤리 또는 공중도덕의 발달이 늦어진 것이다. 더구나 근대화, 산업화, 민주화의 기간이 압축해서 도래함에 따라 우리의 행동양식이 못 따라왔다고 말할 수도 있다.

벌써 20여 년 전의 일이다. 미국의 뉴욕에 갔을 때였다. 어느 대로변에 서서 전경을 바라보고 있는데 한 중년 남자가 내 앞을 가로질러 가야 하는 상황이었다. 나는 그런가보다 하고 있었다. 그런데 그 남자가 내 앞에 이르더니 말했다.

"엑스 큐즈 미"라고. 나는 얼떨결에 답했다. "유어 웰컴"이라고…. 답을 하고 나서, 그리고 그 자리를 뜨고 나서도 나의 생각은 그 중년신사의 '엑스 큐스 미'에서 떠나지 않았다. 도대체 나에게 전혀 미안할 것이 없는 데도 저들은 그런 인사를 하는, 저런 문화가 어떻게 하여 정착되었을까 하는 것이었다. 이 이야기와 같지는 않으나 비슷한 성격의 행태로 지금부터 70여 년 전만 해도 '어른의 길을 가로지르지 말아야' 하고, '아침에 여자가 길을 가로지르면 재수 없다'는 통념이 있어 삼가야 하는 행실로 여겼었다. 복잡한 도시생활을 해야 하는 오늘에 비추어서는, 또 오늘날과 같이 남녀평등사회에서는 현실에 맞지도 않는 일이지만….

그런데 우리보다도 거의 7, 80년이나 앞서 도시화했다고는 하지만 서양에서는 어떻게 해서 그런 예법을 이어오고 있는 것일까? 저들은 어떤 계기로 그런 예의를 익히게 되었으며, 그런 고급문화가 정착되기까지 얼마나 많은 세월을 요했을까? 두고두고 누군가에게 알아보고 싶은 질문 중 하나이다.

(2007. 3)

화이부동(和而不同)과 동이불화(同而不和)

'화이부동'과 '동이불화', 논어에 나오는 말이다. 풀이하면 '조화하되 같지는 않다.'는 것과 '같기는 하되 조화하지는 않는다.'는 말이다. 둘 다 사람을 사귐에 있어서 취하는 태도를 보아 신뢰할 만한 사람인가 아닌가를 분별할 수 있다는 것이다. 같은 글자의 위치를 바꿈에 따라 반대 유형의 사람을 가리키는 말이 되는데 공자는 앞의 유형의 사람을 군자(君子)라 하고 뒤의 유형의 사람을 소인(小人)이라고 했다.

이에 대해 한학자 이가원(李家源) 선생은 풀이하기를 '벗을 사귐에 있어서 군자는 조화(調和)할지언정 아부하지 않고, 소인은 아부할지언정 조화되지 않는다.'라고 해석의 폭을 극단적으로 넓히고 있다.

희랍의 철학자 아리스토텔레스는 '인간을 사회적 동물'이라고 말했다. 이 말은 인간은 사회화의 과정을 밟으면서 살아간다는 것을 의미한다. 부족사회에서 단일민족사회로, 다민족사회로, 지구촌사회로 발전해 가는 과정을 말한다. 변해가는 과정에 이질적인 요소와의 충돌로 문화충격이 있으나 점차 수용되고 발전의 계기가 된 것이 인류의 문화사라 할 수 있다. 개인의 인격발달에서도 어린이가 점차 성장하는 과정에서 나와 다른 사람들과 어울리면서 폭 넓은 인격으로 발전하기도 하고, 농촌에서만 살던 사람이 대도시에 왔을 때 처음에는 적응하느라 당황하나 점차 익숙해지는 것과 같은 관계 말이다.

'유유상종(類類相從)'이라는 말이 있다. 즉 비슷한 사람끼리는 서로 친해지나 그렇지 않은 사람과는 가까이 하지 않으려는 경향 말이다. 그런가 하면 이와는 반대로 비록 처음 만나는 사람이라 할지라도 지긋이 상대방을 관찰하면서 서서히 상대방과 가까워지는 것이 교양인의 인간관계가 아닐까 생각되기도 한다.

사회화의 정도가 낮았던 60년대만 해도 같지 않은 사람과 같은 길을 가는 경우 좋지 않게 보던 때가 있었다. 그래서 그런 유형의 사람을 일러 '사꾸라'라 하여 변절자연 하기도 했다. 이때의 가치의 기준은 '선명성'이었다. 애매모호한 태도는 금물이고, 그래서 노선을 확실히 하지 않으면 안 되었다.

이러한 태도는 과연 바람직한 것일까? 어차피 하나의 사회에서는 나의 의견과 다른 사람이 있을 수 있고, 나와 다른 의견을 가진 사람과는 용납이 안 된다면 갈등과 분쟁이 끊이지 않고 일어날 것임은 자명한 일이다. 이때 다른 의견 간에 조정이 필요한데 이것이 협상이고, 그런 과정을 거쳐 사회적 합의를 도출하는 것, 이것이 이른바 민주사회의 의사결정방식이다. 그러자면 나와 다른 것을 당연시하는 태도가 필요한데 우리는 여기서 민주주의의 원리인 '자유와 평등'을 발견하게 된다. 다만 그 조정의 범위가 다른 문명권과의 관계에서도 그럴 수 있는가 하는 문제가 있기는 하지만….

미국산 쇠고기와 관련, 촛불시위가 한창일 때 광화문의 '동아일보사' 앞 기념비각 쪽 횡단보도에서 흰 페인트 바탕에 까만 글씨로 써 있는 글귀를 보았다. 차마 그대로 인용할 수 없어 암호로 표현하기로 한다.

'○○아, 난 너하고는 한 하늘 아래서 살 수 없어….' 결국 특정인하고는 한 하늘아래에서 살 수 없다니, 둘 중의 하나는 외국으로 나가거나 죽어 없어져야 한다는 말이고, 그 대상자는 자기가 아니라 상대방이라는 것이다. 도대체가 이런 사고를 가진 사람들이 민주주의를 한다고 대중선동을 하고 있다면 이 얼마나 불행한 일인가?

오늘의 시대를 '지구촌시대'라 한다. 지구상에 살고 있는 사람들이 한 마을에서 사는 것처럼 생각해야 한다는 말이다. 실제로 나라마다 피부색이 다르고 풍습이 다르며, 언어가 다른 사람들이 뒤섞여 살고 있음을 볼 때 나와는 다르다는 생각으로 차별해서는 안 되는 시대에 살고 있음을 의식하게 된다. 그래서 유엔에서도 우리나라에 대해서 '단일민족'을 강조하지 말 것을 요구하고 있다.

이제는 종교의 경우에도 나의 종교와 다르다 하여 차별해서는 안 되는 시대에 와 있다. 남의 종교도 나의 종교와 마찬가지로 존중해야 한다는 말이다. 만약 교리가 다른 종교에 대하여 배척하고 있다면 그 교리를 새롭게 해석하더라도 차별하지 않을 수 있어야 한다는 말이다.

다시 이 글의 주제로 돌아가 보자. '조화하되 같지는 않다.' 피부색과 언어가 다르고, 풍속과 종교가 다르다 할지라도 평화롭게 살기 위해서는 같지 않은 것을 인정하고 더불어 함께 살아가야 한다.

같아야만 조화한다면 어떻게 될까? 나와 다른 것과는 갈등관계를 극복할 수 없을 것이니 분쟁을 막을 수 없게 되어 전쟁으로까지 발전할 수 있을 것임은 불을 보듯 뻔한 일이다. 외신에 의하면 최근에도 종교 간의 갈등으로 폭탄테러가 자행되어 무고한 인명이 살상되고 있다. 만약 그러한 종교가 있다면 종교의 성격을 바꾸어야 할 것이다.

세계는 빠른 속도로 지구촌적인 삶의 환경으로 바뀌고 있다. 삶의 환경이 바뀌어간다면 사람의 의식도 바뀌어야 한다. 과연 우리 인류는 점점 긴박해져만 가는 이 지구촌적인 도전을 이겨낼 수 있을까? '같지는 않아도 조화한다.' 2,500여 년 전의 동양의 지혜가 과연 빛을 발해 이 지구촌의 위기를 극복하게 될까? 지난 수세기 동안 '편 가르기'를 기조로 하여 인류문명을 이끌어온 서구문명이 동양의 지혜를 받아들여 지구촌을 파멸에서 구해낼 수 있을까? 금후 지구촌의 화두이다.

(2014. 5)

세계 인류 여러분

"세계 인류 여러분!"

이 말은 지난 1997년 10월 31일 고불총림(古佛叢林) 백양사에서 있었던 무차선회(無遮禪會)·고승대법회(高僧大法會)·한국선학술대회(韓國禪學術大會)에서 당시 백양사의 방장으로 계셨던 서옹대종사(西翁大宗師)의 법어에서 나온 첫마디이다.

나는 이 말을 들으면서 전혀 생소한 감을 느꼈는데 그것은 필자만의 느낌은 아니었을 것으로 생각한다. 그 까닭은 우리의 일상생활의 범위가 한 나라를 넘어서기 어렵고, 또 비록 국제적인 활동을 하는 사람이라 할지라도 아직 세계정부가 탄생하기 전이니 그 정부의 수반이 온 세계 인류를 상대로 해서 그런 용어를 사용할 기회는 없을 것이기 때문이다. 하기는 세계 정부격인 유엔본부가 있어 유엔 사무총장이나 유엔총회의 의장이 전 세계 인류를 상대로 어떤 메시지를 발표할 수 있을까도 생각해보았지만 그 역시 각국 대표를 상대로 호칭하는 것은 몰라도 전 세계 인류를 상대로 해서 직접 호소하는 식의 호칭을 사용할 것 같지는 않다.

그러면 서옹대종사는 어찌하여 이런 호칭을 사용, 전 세계 인류에게 메시지를 보내는 것일까? 사실은 인터넷을 통하여 전 세계에 전파되기도 했다. 서옹대종사라 하여 무슨 특별한 신분을 가진 바도 아니면서 말이다. 굳이 말한다면 서옹대종사는 한국불교의 지도자 중 한 분으로 그 이상도 그 이하도 아니다. 그런데 그럼에도 불구하고 서옹대종사가 이런 호칭을 사용하였다면 여기에는 필시 그럴만한 이유가 있기 때문이 아니겠는가 생각해 본다. 그리고 그것은 비록 서옹대종사가 한국 불교계의 지도자 중 한 분임은 사실이나 적어도 이 말을 사용하는 계제가 종교적, 민족적, 인종적, 국가적 분별심에서 완전히 떠난 입장에서 하는 말이고, 또 그 내용에서도 그러해야 할 것임은 두 말할 필요가 없다.

그러면 과연 서옹대종사가 이 호칭을 사용한 계제는 어떠하였는가를 생각해 보자. 법어를 들으면서 알게 되었지만 서옹대종시가 이 호칭을 사용한 계제는 조사선(祖師禪)을 말하기 위해서였는데 조사선이야말로 분별심을 떠나지 않으면 안 된다. 종교도, 민족도, 인종도, 국가도, 남녀도, 노소도, 신분도, 전혀 개의치 않는 절대평등의 입장에 서기 때문이다. 그것은 중국 선불교의 제 삼조(三祖)인 승찬대사(僧璨大師)가 지은 신심명(信心銘)의 첫 구절이 말해주고 있다. 지도무난(至道無難) 유혐간택(唯嫌揀擇) 단막증애(但莫憎愛) 통연명백(洞然明白) 즉 "지극한 도는 어려울 것이 없나니 오직 미워하거나 사랑하지만 않으면 통연히 명백하니라."에서 엿볼 수 있다.

분별이 없으니 너와 내가 따로 있을 수 없고, 부처와 중생이 따로 있을 수 없으며, 그러니 동체대비(同體大悲)의 경지라 할 수 있고, 그러므로 "세계 인류 여러분"이라는 말이 전혀 걸림이 없는 말이 되는 것이라 하겠다.

다음은 세계 인류를 상대로 한 메시지의 내용이다. 잘못 전달이 안 되도록 서옹대종사의 법어의 해당부분을 그대로 인용토록 한다.

세계 인류 여러분! 우리는 오늘날 과학시대에 살고 있습니다. 기계적 이성으로 창조한 과학기술문명은 인류에게 물질적 풍요로움을 가져다주었습니다. 고도의 교통 통신의 발달로 국가 간의 국경이 없어지고 하나의 지구촌을 형성했습니다. 이러한 이익에도 불구하고 인류는 도리어 과학문명의 노예로 전락해 버렸습니다.

과학의 힘을 절대시 하는 현대인들은 인간이 자연을 지배할 수 있다고 믿습니다. 이러한 인간중심적 태도가 환경문제를 야기했습니다. 인간에 의해서 발생한 환경문제는 자정능력을 상실해 버렸습니다. 그러므로 인간의 생존뿐만 아니라 지구상의 모든 생물까지도 위협을 받고 있습니다.

환경파괴는 인간의 이기적 욕망의 산물입니다. 역사발전의 원초적 힘은 욕망으로부터 비롯되고, 그것의 구체적인 방법은 분열과 대립을 특징으로 해결하는 것이라는 잘못된 견해 때문에 세계가 투쟁의 아비지옥으로 변해 버렸습니다.

위기에 처한 이러한 세계를 구제하는 길은 인간문제를 근원적으로 전체적 입장에서 확철대오(廓徹大悟)한 조사선(祖師禪)이라야 가능합니다. 조사선은 과학문명의 노예로 전락한 인간을 해방시킬 수 있습니다. 왜냐 하면 인간의 근원적 주체성은 어디에도 걸림 없이 활발발(活鱍鱍) 자유자재하기 때문입니다.

또한 조사선은 자연을 정복의 대상으로 인식하지 않습니다. 지구상의 모든 존재들은 자비 화합 바탕에서 함께 공존한다고 파악합니다. 따라서 조사선의 가르침을 통해 인간은 아름답고 즐거운 세계를 창조할 수 있습니다. 그리고 조사선 바탕에선 누구나 자비심으로 생활하기 때문에 인간질서를 회복할 수도 있습니다.(이하 생략)

이상 인용한 바 우리는 이 메시지의 내용이 오늘날 21세기 문명의 전환점에서 위기에 처한 인류를 구제하기 위해서는 역사의 주체인 사람이 달라져야 하는데 그 방법은 어떠한 편견에도 떨어질 수 없는 조사선을 수행하는 것이 가장 바람직하다고 역설하고 있음을 알 수 있고, 우리는 여기서 메시지의 내용이 종교와 민족과 인종과 국가와 신분의 여하에 불구하고 공통의 관심사가 되는 내용이라는 점에서 세계 인류 여러분이라는 호칭은 조금도 걸리지 않는다는 것을 알 수 있다.

문제는 이러한 시대의 흐름을 바꾸기 위해서는 사람이 달라져야 하는데 조사선이야말로 가장 어울리는 방편이라는 것이다. 이제까지 인류문명을 주도해 온 기본 틀은 사랑은 하되 미워하지는 말라고 가르쳤지 사랑하지도 미워하지도 말라고 가르치지 않았다. 그런데 조사선에서는 사랑하지도 미워하지도 말라고 가르치고 있는데 그 까닭은 편견을 갖게 되기 때문이다. 조사선에서는 사랑과 미움을 한 뿌리로 보는 것이다.

이 시대를 주도하는 문명의 흐름은 선과 악, 사랑과 미움, 너와 나를 분별하는 것을 기조로 한다. 그러나 조사선에서는 그 분별심을 버릴 것을 가르친다. 동체대비(同體大悲)가 그래서 가능한 것이다. 남의 아픔이 나의 아픔이고, 내 아픔이 남의 아픔일 때 갈등은 이미 있을 수 없다. 사람과 사람 사이에서만이 아니라 유정, 무정물에 이르기까지 분별하지 않고 내 몸과 같이 존중하는데 민족 간에 국가 간에 인종 간에 인간과 다른 생물 간에 갈등이 있을 수 있겠는가?

어차피 21세기 문명의 흐름은 국가와 국가 간, 민족과 민족 간, 인종과 인종 간의 접촉이 가속화되고 궁극적으로 통합의 과정을 걷게 될 것임에 틀림없다.

그렇게 될 경우 적자생존의 논리에 따라 투쟁과 흡수에 의할 것인가, 다양성이 존중되는 가운데 평화롭게 동화되도록 해야 할 것인가 선택을 요하는 시점에 와 있다. 그리고 유념해야 할 것은 선진국이라 하여 인간의 삶의 양식에 있어서 모두가 후진국에 비해 우월한 것은 아니라는 것이다. 과연 21세기를 어떻게 맞을 것인가 바야흐로 '세계 인류 여러분'이 진지하게 생각해야 할 때인 것 같다.

(2009. 10)